THE RESET

THE RESET

Returning To The Heart of Worship and A Life of Undivided Devotion

Copyright © 2020 by Jeremy Riddle. All right reserved

Publisher by Wholehearted Publishing Anaheim, CA

Korean Translation Copyright © 2023 by Bethel Books

더

예배의 마음과
온전한 헌신의
삶으로 돌아가라

제레미 리들

리셋

JEREMY RIDDLE

헌정사
DEDICATIONS

내 아이들, 레베카, 리바이, 페이스, 클레어, 조셉, 너희가 이 책에서 말하는 임무를 수행하며 주님을 향한 사랑으로 뜨겁게 타오르길 바란다. 너희들이 아빠보다 더 큰 순수한 예배를 향한 열정을 가지고 온 세상에 주님의 이름을 높이길 바란다. 아빠는 너희를 아주 많이 사랑한다.

아내 케이티, 당신의 사랑과 우정이 나를 더 순결하게 하고, 더욱 단련하여 오늘의 나를 만들었어요. 당신이 없었다면 이 책이 나올 수 없었을 겁니다. 사랑해요.

부모님 애드윈과 데보라, 두 분은 내 삶에 순수한 예배의 기초를 굳건하고 아름답게 세워주셨습니다. 아버지 어머니와 함께 우리 앞에 놓인 경주의 결승선을 향해 달려갈 수 있어서 정말 기뻐요. 아버지 어머니, 감사해요.

내 지도자이며 친구인 앨런과 캐서린 스콧, 두 분의 거룩함과 지혜가 내 삶을 완전히 바꾸었습니다. 두 분의 협력과 감독이 없었다면 이 책은 정말 볼품없었을 거예요. 감사합니다.

동료 젠 미스코프, 키에란 데라 하프. 두 분은 단순한 편집자가 아니며 나와 함께 이 책을 썼다 해도 과언이 아닙니다. 두 분의 사랑 가득한 수고에 깊이 감사드려요. 정말 감사합니다!

브라질 형제인 크리스티아누 리드와 마테우스 메인하르트, 이 책을 위해 행정과 편집, 녹취로 수고해 주셔서 감사합니다. 또한 나에게 예언적으로 권면해 준 고마운 친구들! 드디어 이 책이 나왔어요! 감사합니다.

목차

CONTENTS

| 일 러 두 기 |

이 책의 원서는 서구 문화를 배경으로 쓰여졌기 때문에 일부 내용에서 한국 교회와
정서적, 문화적, 관습적 차이가 있을 수 있습니다.

추천사 1

강명식

찬양사역자, 숭실대 음악원 교회음악과 교수

대부분의 예배 사역자가 이름 없이 빛도 없이 힘겨운 사역을 감당하고 있기 때문에 이 책의 강조점이 언뜻 보기에 마치 소수의 '유명한' 예배 인도자와 찬양 사역자에게만 해당하는 것처럼 느껴질지도 모릅니다.

그러나 성령의 빛 앞에서 정직하게 바라보면, 사역의 인지도와 규모에 상관없이 우리 마음 깊은 곳에 자리 잡은 사람의 칭찬과 인정을 향한 뿌리 깊은 욕망을 마주할 때가 많습니다.

온갖 미디어와 소셜미디어를 통해 자신과 사역을 알리는 일에 분주하고, 예배가 방송처럼 되어버린 이때 …

모든 거품을 걷어내고 초심으로 돌아가 오직 주님만 갈망하기를 원하는 제레미 리들의 간절한 호소는 이 시대의 모든 교회와 예배 사역자들이 불편하지만, 꼭 들어야 할 광야의 외침이라고 믿으며 이 책을 추천합니다.

추천사 2

앨런 스캇

드웰링 플레이스 애너하임 교회 담임목사

지금 당신의 손에 들려 있는 것은 단순한 책이 아니라 우리 시대의 예배를 바르게 회복해야 한다는 다급한 외침을 담은 선언문이다. 지금처럼 이런 선언문이 필요한 적은 없었다. 하나님은 이 시대의 교회를 보며 마음 아파하신다. 화려한 찬양이 회개를 대신하고 현란한 무대가 예배의 제단을 점령했으며 탐욕이 무자비할 정도로 커졌지만 그럼에도 우리는 마음을 찢는 회개 대신 찢어진 청바지를 입고, 언약이 아닌 경영으로, 천국 앞에 회개하기보다 이 땅의 명성으로 인정받고 싶어 한다.

오래전부터 예언해 온 예배 개혁이 우리에게 다가왔다. 이 땅에 온 마음을 다한 헌신이 일어나고 온 열방을 향한 심판이 임할 것이라는 깨달음과 거룩한 두려움이 회복될 것이다. 하나님은 자기 이름으로 인하여 영광 받으시고 열방 중에 높임 받으실 것이다. 이 책은 마음이 연약한 사람들이 아니라 깨어 있는 사람들을 위한 책이다.

제레미 리들은 마치 예배를 인도하는 것처럼 이 책을 썼다. 기술과 열정, 불같은 마음과 존중, 강렬함과 겸손함으로 온 마음을 다해 우리를 도전하며 초청한다.

하나님의 영광을 추구하는 제레미의 글은 우리 사랑을 빼앗으려는 경쟁자와 사기꾼들을 베어버리는 치유의 검과 같다. 헌신하는 삶이 예배에 힘을 더하고 주님께 순복하는 마음이 찬양을 강하게 만든다는 사실을 명확하고 열정적이며 예리하게 표현하며 우리 마음을 일깨운다. 제레미는 마음에 하나님 나라를 향한 소망을 품고 놀라운 통찰력과 겸손과 열정으로 이 책을 썼다.

혹시나 책의 제목이 더 리셋이기 때문에 지금 시대의 예배를 향한 환멸과 실망을 의미한다고 오해하지 말라. 제레미는 이 책에 참된 예배를 향한 갈망을 쏟아부었다. 이 책은 우리가 잃어버린 소중한 것을 향해 부르는 애가(哀歌)이며 거룩한 고뇌이다.

우리는 은밀한 예배를 명성으로, 예배자의 장자권을 상표화된 예배팀 이름으로, 십자가의 언약을 예배의 소리와 맞바꾸었다. 겉으로 드러난 표현이 우리 사랑을 덮어버렸다. 우리는 하나님께 마음을 드린다고 공언하지만 실제로 우리가 하나님께 드리는 것은 마음이 아니라 필요한 목록이다. 우리 내면이 이미 파산 상태이지만 너무나 교만해서 이 사실을 인정하지 못한다.

이 책은 우리가 중요한 것을 많이 잃어버렸지만, 아직 모든 것을 다 잃어버린 것은 아니며 회복의 참 기쁨을 경험할 수 있다는 깨달음을 준다. 제레미는 영혼과 예배 구조, 형태를 다시 정비하도록 우리를 부르며 우선순위와 관행을 뒤엎는 동시에 우리 안에 예배 개혁을 향한 부르심의 열정을 일으킨다.

예배를 회복^{THE RESETTING OF WORSHIP}하려면 현대의 대중적인 예배 관행을 뒤집어야 한다. 예배 회복은 예배 "산업"에 종사하는 사람들의 마음을 불편하게 하겠지만 산업보다 언약을 더 소중히 여기는 사람들에게 기쁨을 안겨 줄 것이다.

예배 회복은 아버지의 마음과 맞지 않은 모든 것을 무너트리고 수평적 차원에 집중하는 예배를 수직적 차원에 집중하는 예배로 바꾸며 대중이 원하는 화려한 무대와 인기를 얻으려는 노력과 스스로 자신을 높이는 우상을 제거한다.

사역으로 자신을 알려 큰 영향력을 얻고 부를 쌓는 꿈을 이루려는 모든 노력과 이것을 위해 사람들을 이용하고 가난한 사람들을 무시하며 권력자들과 친구 맺으려는 마음을 내려놓아야 한다. 지금은 역사상 어느 때보다도 우리 마음의 성전을 정화할 때이다. 예수님이 우리가 주님을 알리기 위해 세운 건물에 감격하시고 우리가 만든 예배 본보기들을 그대로 두실 것이라는 생각은 착각이다. 우리는 성령님이 아닌 자아에서 시작된 우리 명성을 높이려는 생각을 붙들고 놓지 못한다. 이런 생각은 성령님이 임하시면 반드시 무너질 것이다. 우리는 우리가 세운 잘못된 성전을 무너트리기를 두려워하며 주저한다.

현대의 성전 정화가 시작되었으며 더 빨라질 것이다. 하나님은 세상을 바꾸기 전에 먼저 하나님을 위한 제단을 쌓는 데 더 집중하는 새로운 세대의 예배자인 오직 주님만 사랑하며 돌이키지 않고 타협하지 않는 사람들을 일으키신다. 이들은 순종을 멈추지 않고 전진한다. 이제 이런 예배자를 위한 시간이 임했다!

나는 예배 회복의 여정에 앞장서는 제레미 리들의 헌신과 용기에 진심으로 고맙다. 이 책은 정신이 번쩍 들 만큼 강렬하며 동시에 목양적이고 예언적이다.

여러분 모두 이 책을 통해 세상과 타협하지 않으며 복음을 부끄러워하지 않는 순수한 예배를 풀어내기 바란다. 주님이 이 책을 통해 예배자의 길에서 벗어난 사람을 다시 부르시며 마음이 차가워진 사람들에게 불을 지피시고 목마른 굶주린 영혼을 회복하시길 기도한다.

THE RESET

서론

나는 마음을 찢는 심정으로 이 책을 썼다. 이 책은 내가 쓰고
싶었던 책이 아니라 써야만 했던 책이다. 나는 전심으로 주님께
돌아가는 "리셋^{RESET}"[1]을 경험하며 이 책을 썼다. 주님은 이사야 선
지자에게 명령하신다.

> 크게 외치라. 목소리를 아끼지 말라. 네 목소리를 나팔같이 높
> 여 내 백성에게 그들의 허물을⋯알리라. (이사야 58:1)

나는 지도자들이 말을 아껴야 하는 중요한 순간이 있다는 것
을 잘 안다. 하지만 우리가 주저하지 말고 목소리를 높여야 하는
순간도 있다. 이 책은 나에게 후자에 가까우며, 주님의 명령에 순
종하며 이 책에 내 목소리를 담았다.

역사상 어느 때보다 지금, 여러 "잘못된 이유"로 예배 인도자
가 되려는 유혹이 크다고 생각한다. 개인의 영광과 명성을 위해

---

1. 저자는 본서에서 Reset이라는 단어를 회복, 재설정, 제자리로 돌리다 등의 여러 뜻을 포함
한 단어로 사용하므로 "리셋"으로 명명한다. - 역자 주

추종자를 만들어 칭송받고 돈과 자기만족 같은 세상 보상에 눈이 멀어 소중한 우리의 "예배"를 오염시키고 있다. 나도 이런 유혹에 끌리는 나 자신을 보면서 정말 깊이 고뇌하고 절망했었다.

하지만 시대가 어두울수록 진실하고 더럽혀지지 않은 순전한 예배가 이 땅에 세워질 가장 좋은 때라는 소망이 나를 붙든다. 나는 보이지 않는 곳에서 순전한 예배가 자라는 것을 느낀다. 하나님은 깨끗한 손과 순수한 마음을 품은 사람들을 일으키신다. 모조품이 판칠수록 진품의 가치가 더 뚜렷하게 드러난다. 주님의 보좌 앞에 오직 순결한 사랑으로 이루어지지 않은 모든 동기와 목적은 한낱 소음일 뿐이며 물거품처럼 사라질 것이다.

나는 예배 운동과 그 지도자들이 결단의 골짜기에 서 있다고 믿기 때문에 이 책을 썼다. 우리는 빠르고 단호하게 결단해야 한다. 역사상 가장 위대한 예배 각성의 한 가운데 서 있는 지금, 우리는 이 질문에 답해야 한다. "이 중요한 순간에 우리는 예배 운동의 충성스러운 청지기인가? 우리는 주님의 신부들이 경이로움 속에 예배하도록 깨우시는 하나님의 생명의 숨결에 어떻게 반응하는가? 이 귀한 순간을 놓치고 있지는 않은가?" 어쩌면 우리는 예배 각성이라는 기회를 단순히 전문적인 예배 곡 작곡과 예배 인도 경력을 쌓으며 기독교 거품^{CHRISTIAN BUBBLE}에서 새롭게 발견한 "유명인"이라는 위상을 얻기 위해 이용하는 것은 아닌가?

나는 다음과 같이 질문하고 싶다. 우리는 예배 인도를 또 하나의 직업으로 생각하며 이 분야에 뛰어든 것은 아닌가? 예배 인도자로서 주님의 임재를 추구하기보다 공식을 따르는 공연 중심의 예배로 음악과 연주를 뽐내고 있지 않은가? 과연 우리는 이런 현실에서 빠져나오기 원하는가? 우리는 이 현실에서 빠져나와야 한다! 버려야 한다! 떠나야 한다!

기독교 음악 놀이와 최신 교회 유행을 맹목적으로 추구하는 것과 사람들의 입맛에 맞는 예배 곡을 써서 대박을 터트리려는 시도를 멈춰야 한다. 우리는 작곡과 예배 인도에 참된 예언적 감동을 회복하길 원하는가? "예배 공식"을 버리고 성령님의 진정한 능력이 삶에 임하도록 다시 한번 외칠 수 있는가?

내 친구들이여, 나도 위에서 말한 많은 유혹과 함정에 빠져 맹목적으로 따라간 순간이 있었다. 나는 지금 여러분을 정죄하려는 것이 아니라 이 시대에 하나님의 주권적인 손이 역사하시는 것을 인정하고, 하나님이 이 땅에 역사하실 더 크고 새로운 영광과 그에 따른 각성이 일어나는 것을 보도록 우리 은사와 플랫폼[PLATFORMS 2]을 하나님이 주신 특별한 은총으로 새롭게 헌신하자고 간청하는 것이다.

우리 삶을 다시 한번 주님께 드려야 한다. 진심으로 회개하며 우리가 처음 순수함을 품었던 순간으로 돌아가야 한다. 우리는 지금 이 땅에 만연한, 영성의 가면을 쓴 세속적이고 어리석은 야망

---

2. 영어 원문에서 말하는 플랫폼은, 온 오프라인을 아우르는 의미로 유튜브, 라이브 콘서트, 컨퍼런스 등의 다양한 전달 방식을 의미한다.

을 버려야 한다. 주님의 역사하시는 손길에 반응하여 우리 마음속 하나님의 집 깊은 곳까지 정결케 해야 한다. 우리 첫사랑을 더럽히고 오염시킨 것을 깨끗하게 청소해야 한다.

나는 호소한다. 삶과 사역을 부패가 만연한 현대 예배 문화가 아닌 성경을 기준으로 다시 정렬하자. 만일 우리가 성경의 기준이 아닌 유명한 교회와 예배팀과 비교하며 예배 인도자와 작곡가, 연주자와 대형 음반사에서 일반적으로 용인하는 관행을 단순하게 모방하는 것을 멈추지 않으면 예수님을 높이려는 우리 의도가 오히려 예수님을 조롱거리와 우상으로 만들 수도 있다. 어쩌면 슬프게도 이미 이런 끔찍한 실수를 저질렀을지도 모른다. 매트 레드맨 MATT REDMAN 이 이렇게 노래했다. "중심 잃은 예배 내려놓고, 이제 나 돌아와 주님만 예배해요."[3] 이 가사가 20년 전에도 진실이었다면 지금 우리에게는 얼마나 더 진실이겠는가.

내 마음 안에 젊은 세대를 향한 큰 부담과 안타까움이 늘어간다. 모두 경험한 것처럼 우리는 어릴 때 부모나 어른들의 감정과 목소리에 담긴 날카로운 경고로 무엇이 위험한지 배웠다. 어린 자녀를 둔 젊은 부모들이 함께 모여 떠들썩하게 교제하는 자리를 상상해 보라. 순수한 호기심으로 뜨거운 불을 향해 손을 뻗는 아이의 모습을 본 부모가 큰소리로 외친다. "안돼! 만지지 마!" 아이는 깜짝 놀라 얼어붙은 듯 멈추고 두 눈에 두려움이 가득 차서

---

3. 매트 레드맨, "마음의 예배" 직역 가사 : "우리가 드리는 모든 예배가 주님만 위해야 했지만 그러지 못한 것과 저 또한 주님만 예배하지 못한 것을 용서해 주세요." The Heart of Worship, 1997. Thankyou Music (PRS) (CapitolCMGPublishing.com) CCLI#: 2296522

어쩌면 부모가 자신을 큰 소리로 꾸짖을지 모른다는 생각에 울음을 터뜨릴 수도 있다. 아이는 왜 부모가 자기에게 호통쳤는지 이해하지 못하지만 한 가지 확실한 것은 앞으로 다시는 불을 가볍게 생각하지 않을 것이라는 점이다. 부모의 감정 반응이 아이에게 영원히 각인된다.

몇몇 독자는 이 책을 읽으면서 내 강한 표현을 이해하기 어렵겠지만 나는 이 강렬한 외침을 쏟아내야 한다고 생각한다. 내가 정말 사랑하는 예배 운동이 파멸의 길로 치닫는 이 시대에 나는 사람들의 시선이 두려워 침묵하기보다는 오해받는 위험을 감수하며 할 말을 하겠다.

의사는 종종 심한 상처를 입은 환자를 치료하기 위해 "가혹한 수술"을 해야 한다. 부러진 뼈가 잘못 붙으면 영구적인 장애를 남기기 때문에 잘못 붙은 뼈를 제자리에 붙이기 위해 반드시 다시 부러뜨려야 한다. 영적인 원리도 마찬가지이다. 예배 사역에 지장을 주는 부러진 뼈들을 다시 맞춰야RESET 한다. 뼈를 맞추기 위해 다시 부러뜨리는 과정은 매우 아프기 때문에 붕대를 감아 두는 것이 더 자비로워 보이겠지만 붕대로 부러진 뼈를 치료할 수 없다.

내 간절한 소망은 예배의 장막과 예배의 마음이 다시 회복되는 것이다. 예배하는 교회가 회개와 개혁뿐만 아니라 영광으로 나아가길 바란다. 교회는 영광 안에서 아름답게 빛나도록 지음 받았다. 교회가 영광 안에 머물 때 활짝 피어나서 모든 선한 일을 감당하고 주님을 닮으며 주님처럼 생각하고 행동하기 시작할 것이다.

지금 이 책을 읽는 당신을 향한 내 가장 큰 소망은 오직 예수님만이 당신의 유일한 불타는 갈망이 되는 것이다. 만일 당신의 마음 중심에 주님을 향한 갈망과 경쟁하거나 더 우위에 있는 것이 존재한다면, 혹은 당신의 시선을 주님 아닌 다른 것에 사로잡는 유혹이 있다면 이 책을 읽는 동안 마음에 거룩한 리셋이 일어나길 기도한다. 당신의 삶에 더 큰 순수함과 권능이 드러나는 새로운 삶의 여정이 시작되기를 기도한다.

THE RESET

1장 예배를 회복하라

CHAPTER 1 RCLAIMING WORSHIP

하나님을 영과 진리로 예배하는 곳마다 하나님 나라가 임하고 주님의 자유가 다스리며 악마의 계획과 일들이 무너진다. 순수한 찬양은 언제나 어둠을 파괴하는 강력한 무기이다. 그래서 하나님의 원수 사탄은 이 땅의 어떤 소리보다 구원받은 사람들의 노래와 어린양을 높이는 찬양을 가장 싫어한다. 살인자, 도둑, 파괴자인 사탄은 우리가 존재하기 훨씬 전부터 예배 운동이 어둠의 나라를 파괴하는 강력한 무기인 것을 알고 예배 운동이 성숙하기 전에 무너트릴 기회를 노려왔다. 우리는 예수님께 부르는 사랑의 노래가 동시에 지옥의 문을 파괴한다는 사실을 잊어버렸다.

교활한 원수가 오래 참으며 은밀하게 일한 결과 성공적으로 현대 예배의 순수성을 파괴하는 사명을 완수하고 있다. 더 끔찍한 사실은 우리가 사탄의 공격을 허용했을 뿐만 아니라 심지어 때때로 원수와 협력한다는 점이다.

우리 예배 처소에 우상숭배와 인본주의, 교만과 거짓, 이단과 명성CELEBRITY, 방종과 방탕, 음란 같은 다양한 모습의 사악한 세속주의가 아무런 제약 없이 벌어지도록 허용하는 것이 곧 원수의 파괴적인 사명에 협력하는 것이다. 과거 어느 때보다 현대의 예배 운동이 보기 좋고 듣기 좋지만, 전반적으로 오래전 예배의 순수함과 능력과 기름 부음의 그림자도 따라가지 못하는 수준이다. 소리는 커졌고 개성이 넘치며 무대는 더 밝게 빛나고 군중이 열광하지만 내 귀에는 소음만 들리고 슬픔만 느껴진다.

나 자신을 분별하지 못한 슬픔.

내가 그 소음이 커지는 데 이바지했다는 슬픔.

상황이 이 지경에 이른 책임이 나에게도 있다는 슬픔.

평화를 지킨다는 명목으로 침묵했던 슬픔.

내 영혼에 성령님의 책망을 느낄 때 그것을 무시하고 군중에 휩쓸려 여기까지 온 슬픔. 슬픔에 잠긴 내 마음이 울부짖는다.

"오! 우리 예배에 순수한 소리가 있는가? 제멋대로 하고 싶은 욕망에서 자유로운, 오직 주님께 사로잡힌 마음의 소리가 있는가? 달콤하고 강렬한 기름 부음은 어디 있는가? 오! 성령님! 지금 어디 계십니까? 당신의 소중한 임재는 어디 있습니까? 우리는 대체 어디에서 주님의 임재를 잃고 여기까지 온 것인가?" 나는 이 모든 외침보다 더 중요한 것을 질문하고 싶다.

"우리는 다시 회복할 수 있을까?"

중요한 질문을 하겠다. 우리는 파괴자 사탄의 손에서 우리가 '예배'라고 부르는 아름다운 선물의 순수함을 다시 찾아올 수 있을까? 예배의 이전 영광을 회복할 뿐만 아니라 우리가 지금까지 이 땅에서 본 것보다 훨씬 위대한 영광을 회복하는 모습을 볼 수 있을까? 진정한 하나님의 영광까지 나아갈 수 있을까? 만일 그것이 불가능하다면 나는 이 책을 쓰지 않았을 것이다.

예배의 역사

우리는 꿈을 이룬 시대에 살고 있다. 지난 60년간 예배 운동은 이전에 없던 놀랍고 엄청난 확장과 성장을 경험했다. 지금 세대는 수많은 예배 인도자와 예배팀이 활동하면서 역사상 어느 때보다 많은 예배 곡을 만들고 예배 프로젝트를 진행하고 있다. 우리가 사는 지금 이 시대는 이전 세대가 꿈꿔온 시대다.

우리 믿음의 선배들은 교회에서 위대한 예배의 부흥이 일어나기를 꿈꿨다. 과거 교회 모습은 지금과 완전히 달랐다. 예배는 생명력이 없었고, 텅 빈 껍질 같은 종교의 공허한 틀만 있었으며 뜨거운 열정, 활력, 자유가 크게 부족했다. 위대한 목사이자 기독교 저자 토저는 A. W. TOZER "현대 복음주의는 예배라는 보석을 잃어버렸다"[4]라고 말했으며 이것은 분명한 사실이었다.

---

4. A. W. 토저, The Best of A. W. Tozer. 새로운 발견 (Anaheim, CA.: Insight for Living, 1996), 29p에서 인용. 또한 예배 : 잃어버린 복음주의 교회의 보물(1971) 참고.

이전 세대는 다시 한번 예배가 교회의 중심이 되는 날을 꿈꿨으며 그 꿈을 이루기 위해 기도하고 사투를 벌이며 노력했다. 이전 세대가 개척자로서 감당한 대가는 정말 컸다! 이전 세대를 가로막은 장애물과 반대 세력은 정말 크고 강했다! 이전 세대의 수고를 생각하면, 지금 시대를 사는 우리가 핍박과 어려움 속에 있다고 말하는 것은 이치에 맞지 않는다. 이전 세대는 당시 교회가 "악마의 음악"이라고 규정한 록 음악을 "악마의 영역"에서 분리하는 엄청난 역할을 감당했다.

당시에 교회 강단에서 일렉 기타, 베이스 기타, 드럼 같은 악기를 연주하는 것은 있을 수 없는 "악마적인 일"이었다. 간신히 어쿠스틱 기타 연주는 허락했지만, 전자 기타가 "악마의 영역"과 상관이 없다는 사실을 알리는 작업은 정말 힘든 일이었다. 지금 이 글을 읽는 우리는 믿음의 선배들이 언제 끝날지 알 수 없는 수술에 성공하기 위해 치른 대가를 평생 이해하기 어려울 것이다. 나는 이 엄청난 일들을 간단하게 썼지만, 예배는 믿음의 선배들이 직면한 진짜 투쟁이었다.

당시에는 예배 사역자가 어떤 옷을 입을지, 남성 사역자가 머리를 길게 길러도 되는지의 문제는 아직 언급조차 없었다. 지금 우리는 이 모든 것이 우스워 보일 정도로 익숙하지만, 당시에는 현대와 완전히 다른 차원의 전쟁 중이었다. 지금은 교회 강단 위에 뱀 가죽 부츠를 신고 반지와 귀걸이를 착용하고 문신을 새긴

일렉 기타 연주자가 롤링 스톤즈(영국 출신의 유명한 로큰롤 밴드 - 역자 주) 콘서트 같은 모습으로 연주해도 아무도 눈 하나 깜빡하지 않는다. 우리는 놀라운 시대에 살고 있다. 이전 세대는 실제로 지금처럼 자유로운 날이 올 것이라고 상상하지도 못했다. 지금 우리가 일상적으로 누리는 자유를 쟁취하기 위해 이전 세대 예배자들이 피를 흘리며 싸웠다. 이전 세대가 말 그대로 우리의 자유를 위해 싸운 것이다. 우리는 이전 세대에 큰 빚을 졌다.

자유의 흥미로운 점은, 할 수 있는 것과 하지 말아야 하는 것이 분명한 율법 제도보다 훨씬 더 까다롭다는 것이다. 엄격하게 지켜야 하는 가드레일이 있는 좁은 길을 가는 것과 광활하고 탁 트인 광야를 가는 것은 완전히 다른 일이다. 물론 나는 오늘 우리가 누리는 자유에 정말 감사하며 결코 과거의 율법주의적 모습으로 돌아가고 싶지 않다. 하지만 우리가 반드시 이해해야 할 것이 있다.

이전 세대가 자유를 위해 선한 싸움을 한 이유는 우리가 유명인을 숭배하고 히트곡을 만들어서 세계를 여행하며 부유한 연예인처럼 살라는 것이 아니었다. 믿음의 선배들은 우리가 이 귀한 예배의 자유로 명예와 부를 얻으라고 싸운 것이 아니라 향유 옥합을 깨트릴 자유를 위해 싸웠다. 그 결과 우리는 수치와 부끄러움과 방해 없이 모든 음악과 몸과 마음을 다한 예술적인 방법으로 마음을 불태워 예수님께 사랑과 예배의 향유를 자유롭게 부어드릴 수 있게 되었다.

우리가 되찾아야 할 것이 있다. 나는 이전 세대 예배자들이 자신이 싸우는 싸움의 이유를 알았다고 믿는다. 이전 세대는 단지 자신들의 음악과 예술의 자유로운 표현을 위해 싸운 것이 아니라 아직 오지 않은, 앞으로 다가올 세대를 위해 싸웠다. 만일 믿음의 선배들이 종교에 깊이 얽매여 예배를 포기하고 우리를 위해 싸우지 않았다면 지금 세대의 인도자들이 일어나지 못했을 뿐만 아니라 새로운 세대의 목적과 사명도 열매 맺지 못했을 것이다. 나 역시 그중 한 사람으로서 내 삶이 예배에 어떻게 쓰임 받을지 전혀 모른 채, 어디선가 변호사로 성공하려고 열심히 살았을 것이다. 랜디 스톤힐, 래리 노먼, 키스 그린 같은 개척자들과 이후 케빈 프로쉬와 딜리리어스처럼 내 영적 부모 같은 예배 운동의 선두주자들이 없었다면 내 부르심과 열정은 깨어날 수 없었을 것이다.

내 친구들이여, 우리 모두 마찬가지이다. 내 친구 레이 휴스는 "당신은 5개년 계획의 일부가 아니라 세대적인 계획의 일부이다."라고 말했다. 이제 우리가 믿음의 선한 싸움을 싸울 차례다. 다음 세대를 두고 지금 치열한 전쟁이 벌어지고 있으며, 다음 세대가 예수님을 향한 타오르는 열정으로 자신의 부르심과 사명으로 깨어날지, 아니면 이 땅의 야망에 타협하여 다른 길로 흘러갈지 우리에게 달려있다. 만일 우리가 지금의 방향으로 계속 간다면 부모 세대가 우리를 위해 싸워 쟁취한 자유의 유업을 잃을 뿐 아니라 우리가 생명 바쳐 깨우려 했던 다음 세대 예배자들을 잃게 될 것이다.

원수의 계책

우리가 할 수 있는 가장 나쁜 일은 사탄의 능력에 영광을 돌리는 것이며 두 번째로 나쁜 일은 원수에게 무지(無知)한 것이다. 사도 바울은 고린도후서 2:11에서 이렇게 경고한다. *"이는 우리로 사탄에게 속지 않게 하려 함이라. 우리는 그 계책을 알지 못하는 바가 아니로라."* 마귀의 계책에 무지하면 쉽게 속을 수밖에 없다.

우리는 영적 전쟁터에 살고 있다. 마음에 들지 않겠지만 이 진실은 항상 변하지 않는다. 전쟁터에 중립지대는 없다. 원수는 언제나 당신을 무너트리고 당신의 유업과 부르심, 믿음과 순수함을 빼앗으려 한다. 우리 주변에 널린 여러 사역의 무덤을 모르는 척하지 말라. 전쟁터에 널려 있는 시신과 표식 없는 무덤, 부르심을 이루기 전에 무너져버려 오래전에 잊혀버린 수많은 이름을 보라. 우리는 영적 전쟁터의 한복판에 살고 있다. 비록 우리 싸움이 혈과 육에 대한 것은 아니지만 전쟁은 불가피한 사상자를 낳는다. 이 불가피한 사상자 중에 몇 명은 내 친구였다.

우리는 영원과 영광과 거룩함을 전달하도록 창조되었다. 사도 바울은 고린도후서 4:17에 우리가 *"비교할 수 없을 정도로 영원하고 크나큰 영광(새번역)"*을 위해 준비한다고 말한다. 모든 영광의 아버지께서 지금 우리를 영광으로 충만한 자녀로 살면서 거룩한 임재를 비추도록 초청하신다. 나는 예배를 인도하면서 여러 번 주님의 영광이 내게 임하는 것을 느꼈다. 어떤 때는 예배가 끝나고 오랜 시간이 지난 후에도 주님의 임재 안에 살라는 초대장처럼 주님의 영광 안에 머물면서 휴식을 취하기도 했다. 그 순간을 다시 떠올리는 것만으로도 내 영혼에 주님을 더 갈망하는 마음이 넘친다. 다른 어떤 것도 주님의 임재를 경험하는 것과 비교할 수 없다.

하지만 원수는 한 세대 전체를 유혹하여 모조품을 추구하게 하는데, 이 모조품은 바로 하나님의 영광을 전달하는 사람이 되는 대신 유명한 연예인으로 사는 것이며 더 나아가 한 세대 전체가 하나님의 영광을 자기 목적을 이루는 수단으로 이용하게 하는 것이다.

원수는 모조품 만드는 것을 좋아한다. 원수는 사람들에게 진리의 전체가 아닌 부분을 교묘하게 팔아 악한 역사에 동참하도록 유혹한다. 안타깝게도 우리는 원수의 계책에 정말 쉽게 속는다! 영향력이라는 우상IDOL OF INFLUENCE이 이 시대 교회에 큰 혼란을 일으키고 있으며 교회 역시 세상처럼 영향력이라는 우상을 열심히 추구한다. 세상뿐만 아니라 교회에서조차 인스타그램 팔로워 숫자가 새로운 화폐 가치가 되었다. 명심하라, 수백만 명의 인스타그램 팔로워는 하늘 아버지께서 당신에게 주신 자녀의 영광에 비하면 싸구려 팥죽 한 그릇과 같을 뿐이다. 팥죽 한 그릇과 가장 소중한 것을 바꾸는 바보가 되지 말라!

영향력의 유혹은 원수의 유일한 계책이 아니다. 원수는 명성을 추구하는 함정에 빠지지 않는 사람들을 환멸과 실망과 상처로 공격하여 결국 예배자의 삶을 떠나도록 유혹한다. 이미 많은 예배자가 원수의 공격에 실족하고 무너졌다. 나는 굉장한 예배의 기름 부음을 받은 소중한 사람들이 교회 안에서 벌어지는 정치 싸움의 상처와 거절감을 극복하지 못하고 예배 운동을 떠나는 모습을 자주 봤으며 그들을 생각할 때마다 정말 마음이 아프다.

하지만 나는 소망을 버릴 수 없다. 나는 우리가 바꿀 수 있으며 바뀌어야 한다고 믿는다. 우리는 변해야 한다. 우리에게 많은 것이 달려 있어서 뒤로 물러날 여유도 없고 무너질 수도 없다.

우리는 교회의 상석을 차지한 유흥ENTERTAINMENT과 육체에서 나온 성과주의를 반드시 끌어내려야 한다. 영향력을 끼치고 싶은 마음과 유명한 지도자가 되고 싶은 욕망도 버려야 한다. 우리는 많은 나라를 우상숭배에 빠지게 만든 서구 사회의 "예배 연예인 문화WORSHIP CELEBRITY CULTURE"를 끌어내려야 한다. 우리에게 화로다! 이기적인 야망이 우리 마음과 강단과 무대에서 사라져야 한다. 이기적인 야망을 아주 조금만 허용해도 결국 파멸에 이른다. 야고보서 3:16은 이기적인 야망의 값비싼 결과를 보여준다.

시기심과 이기적인 욕망이 들끓는 곳에는 온갖 혼란과 악행이 차고 넘칩니다. (쉬운성경)

내 불타는 사명은 하나님의 집이 예배의 순수함을 회복하는 것이다. 나는 참된 예배를 막는 모든 장애물이 무너지고 하나님의 영광을 높이는 소리로 온 땅을 뒤덮을 타협하지 않는 예배자 세대가 일어나는 것을 보기 원한다. 나는 오랫동안 상업화된 예배가 선의든 아니든 많은 동기와 결정을 조종하고 소리와 예배 언어를 주도하는 것을 보았다. 또 오랫동안 기름 부음 있는 많은 귀한 예배 인도자가 주변의 압박과 유혹으로 타락하는 모습도 보았다.

예배는 산업^{INDUSTRY}이 아니다. 플랫폼에 관한 것도 아니다. 예배 인도자, 예배 콘서트, 새로운 노래, 신인 아티스트, 새로운 운동, 새로운 브랜드^{BRAND}에 관한 것도 아니다. 예배는 거래를 위한 사업^{TRADE}이 아니다. 예배 인도는 우리가 고를 수 있는 또 하나의 전문 직업이 아니다. 예배는 예수님과 약혼한 언약의 자녀에게서 터져 나오는 소리이다. 모든 존귀와 찬양을 받기 합당하신 오직 한 분 하나님을 향한 사랑과 애정이 담긴 열정적인 헌신의 소리이다!

나는 대중적인 소셜미디어 캠페인이나 대규모 시도를 믿지 않는다. 일부는 효과가 있었지만 대부분 그렇지 않았기 때문이다. 하지만 나는 철저하게 헌신한 소수의 사람을 통해 역사하시는 성령님의 능력을 믿는다. 나는 하나님이 소수의 사람을 택하셔서 대중의 흐름을 바꾸실 수 있다고 믿으며 그런 일을 실제로 보았다. 성경 전체에 이런 일이 나온다. 내가 가장 좋아하는 성경 이야기는 요나단이 자신의 무기 드는 자와 단둘이 블레셋 군대 전체에 맞서는 이야기이다. 사무엘상 14:6에 나오는 요나단의 믿음의 고백이 내 마음을 울린다.

여호와께서 우리를 위하여 일하실까 하노라 여호와의 구원은 사람이 많고 적음에 달리지 아니하였느니라.

나는 소수의 사람을 급진적인 순종과 순복의 여정으로 초청하기 위해 이 글을 쓴다. 예배를 바르게 회복하고 바로 잡기 위해 할 수 있는 모든 것을 하라. 교회 안에 예배의 마음을 개혁하고 삶에 사랑과 순수함과 열정을 회복하라.

우리는 아주 작아 보이는 개인의 삶과 작은 교회 공동체가 변하면 얼마나 강력해질지 아직 모른다. 사람은 불가능하지만, 하나님은 가능하시다.

나는 믿는다. 소수의 사람이 우리가 예배라고 부르는 것을 놓고 회개한다면,

소수의 사람이 요시야처럼 민족 전체의 예배 개혁과 순수한 예배 회복을 위해 열심을 내기 시작한다면,

소수의 사람이 타협을 거절한다면,

소수의 사람이 예배를 리셋 할 수 있다.

하나님의 도우시는 손길 안에서 우리는 할 수 있다.

THE RESET

2장 순수함의 능력

CHAPTER 2 THE POWER OF PURITY

　나는 오랫동안 순수함의 능력을 배웠다. 무엇이든 순수한 만큼만 강하다. 어떤 사람들은 사랑이 가장 강하다고 주장한다. 하지만, 심지어 사랑도 순수한 만큼만 강하다. 순수함은 가장 화려하고 멋진 것은 아니지만 한 장소에 순수함의 능력이 임하면 그곳을 완전히 사로잡는 힘이 있다. 또 순수함에는 가장 깊은 심금을 울리는 말로 설명할 수 없는 신비한 능력이 있다. 생각해 보면, 순수함의 능력은 고압적이거나 강압적이지 않으며 능력을 얻으려고 노력하지도 않는다. 그저 순수하기 때문에 강하다.

　우리는 많은 경우 순수함이 나타나기 전까지 스스로 얼마나 더러운지 알지 못한다. 자신이 깨끗한 사람이라고 생각해도 흰색 셔츠를 입고 하루를 보내면 생각이 달라진다. 온종일 입은 흰색 셔츠가 당신이 얼마나 깨끗한 사람인지 드러내기 때문이다. 마찬가지로 순수함은 순수하지 못한, 오염되어 가치를 잃고 타협한 모든 것을 드러낸다. 순수함은 더러워진 흰색 셔츠처럼 누군가의 좋지 않은 점이 두드러지게 만드는 것이 아니라 진실을 드러내는 능력이 있을 뿐이다. 순수함은 어떤 상황과 조건에도 진실과 본질을 드러낸다.

예배도 마찬가지다. 순수한 예배는 순수하지 않은 모든 제사를 폭로하고 드러내는 가장 강력한 능력이다. 그러면 우리가 순수함을 잃어버렸을 때 어떻게 다시 회복할 수 있을까? 순수함을 되찾는 여정은 쉽지 않다. 어떤 것의 고유한 생명력과 능력을 회복하려면 종종 첫 시작점으로 돌아가야 한다. 즉, 화려한 무대나 음악 밴드와 예배 산업, 많은 군중과 제작사와 소셜미디어, 음악 앨범과 예배 학교와 프로그램들 그리고 우리가 다루는 교회의 모든 행정 절차가 존재하기 전의 예배로 돌아가야 한다.

이렇게 우리를 둘러싼 많은 것을 하나씩 걷어 내는 여정에서 경험하는 아름다운 사실은 예배의 능력이 우리가 앞서 말한 것에서 나오지 않는다는 것이다. 예를 들면, 예배 인도자에게 어쿠스틱 기타 연주자와 음악 밴드를 붙여주고 화려한 무대와 조명과 스크린을 설치하여 멋진 배경을 만들고, 안개 효과와 돈으로 살 수 있는 많은 무대 장치를 설치하여 더 풍성한 소리와 사람들의 눈을 즐겁게 하는 화려함을 더한다고 그 예배가 강력해지지 않는다.

이유는 간단하다. 위에 언급한 어떤 것도 예배의 핵심과 관련이 없기 때문이다. 예배는 무엇을 첨가한다고 더 강력해지지 않는다. 왜냐하면 예배의 능력은 절대 우리가 선택하는 겉모습에서 나오는 것이 아니기 때문이다. 예배의 권능은 언제나 주님의 임재에서 나온다. 그러나 순수함과 거룩함이 없으면 주님의 임재의 깊은 차원을 발견할 수 없다. 우리 예배가 순수함에서 멀어질수록 점점 더 가벼워지고 생명력을 잃는다. 많은 것을 순수하게 시작하지만, 끝까지 순수함을 유지하는 것은 어렵다. 많은 사람과 영적인 운동이 순수하게 시작했지만, 끝까지 순수함을 유지한 경우가 아주 적다는 사실에 우리 모두 거룩한 경각심을 가져야 한다.

순수함과 대중성

나는 주님의 은총으로 주어지는 영향력과 인기POPULARITY를 반대하거나 거부하지 않는다. 하지만 나는 영향력과 인기가 다른 어떤 것과 비교할 수 없을 정도로 당신을 뒤흔들 것을 안다. 게으름이 원수의 일터라면 인기는 원수의 놀이터이다. 내가 아는 순수함을 가장 빠르게 죽이는 방법은 유명해지는 것이다.

이 문제는 이런 질문을 던진다. 유명하면서 동시에 순수할 수 있을까? 대중에게 명성을 얻어도 주님 앞에 진실하고 충성할 수 있을까? 답은 "그렇다"이다. 그러나 당신이 누리는 인기와 명성이 문제를 일으킬 때 순수함이 주저 없이 인기와 명성의 싹을 자를 수 있어야 한다. 하지만 이것은 절대 쉬운 일이 아니며 또 큰 갈등과 타협뿐만 아니라 아주 작고 사소한 문제에도 해당한다.

당신이 부지런히 작은 싸움을 싸우지 않으면 결코 큰 싸움에서 이길 수 없다.

감사하게도 우리보다 앞서가서 분명한 길을 보여주신 분이 계시다. 예수님은 믿을 수 없을 만큼 엄청난 대중의 인기를 누리셨지만, 그 인기에 끌려가지 않으시고 오직 아버지의 인도하심만 따르셨다. 예수님은 수천 명의 무리가 몰려와도 아버지께 순종했고, 수천 명이 예수님을 버리고 떠날 때도 아버지께 순종하셨다. 우리는 순수하게 시작하지만, 추종자들에게 인기를 얻을수록 주님을 섬기는 대신 교묘하게 우리를 따르는 추종자들을 섬기기 쉽다. 하지만 예수님이 사람들의 인기를 따라 선택하시거나 가르치지 않으셨다면 우리도 그렇게 살아야 한다.

나는 원수가 두려워하는 것은 우리 인기가 아니라 순수함이라고 생각한다. 원수는 소셜미디어 계정 옆에 파란색 별표시(유명인 혹은 연예인의 공식 계정에 붙는 표시 - 역자주)가 붙었다고 두려워 떨지 않으며 오히려 그 반대이다. 나는 원수가 두 마음을 품지 않은 전적인 헌신과 순수한 마음을 매우 두려워한다고 믿는다.

생명의 샘

어떤 것의 순수함과 고유의 목적과 계획을 지키는 것이 마음을 지키고 생명을 지키는 것이다. 아주 유명한 잠언 4:23은 이것을 잘 설명한다.

모든 지킬 만한 것 중에 더욱 네 마음을 지키라 생명의 근원이
이에서 남이니라

마음을 잘 지키는 것이 생명의 열쇠이다.

예배의 핵심에 같은 원칙을 적용한다. 우리가 더욱 열심히 예
배의 마음을 지키지 못하면 우리 마음에서 이 땅으로 흘러가야
할 생명과 부흥이 끊어진다. 사실 이미 우리는 마음을 지키는 데
실패한 것처럼 보인다. 예배 집회의 입장권은 매진행렬일지 모
르지만 같은 예배에 참여한 사람들이 살아가는 우리 문화의 도덕
성은 급격하게 떨어지고 있다. 이것은 무언가 상당히 잘못되었
다는 의미이다. 예배 행사와 참석자는 늘어나지만 참된 예배의
소리는 점점 희미해져 간다.

우리는 어떻게 하면 더욱 깨어 예배의 마음과 예배의 핵심을
지킬 수 있을까? 어떻게 하면 예배의 생명력을 보전할 수 있을
까? 이 질문의 답은 상당히 단순하다. 우리가 다른 것을 예배하
지 않고 오직 예수님만 예배하면 된다. 다른 것 아닌 예수님만
사랑하고 예수님께 영광 돌리며 예수님을 높이고 존중하며 섬기
는 것이다. 지금 순수한 예배를 위협하는 가장 큰 위험은 예배
그 자체와 예배를 이끄는 예배 인도자와 예배팀들이다. 이것은
새롭게 등장한 위험이 아니다. 어떤 예배 인도자라도 자신이 타

락하면 하나님의 가장 큰 적이 될 수 있다는 것을 알고 정신 바짝 차려야 한다.

예수님을 섬기는 것 외의 유명한 예배 인도자나 특정한 노래, 음악 표현, 교회 성장 수단, 유명한 예배팀, 사업 수단, 음악 유희, 개인적 돌파를 위한 도구나 다른 모든 이유가 예배를 사로잡는 순간 예배의 생명력은 땅바닥에 던져져 짓밟힌다.

순수한 모습

한 장의 사진이 천 마디 말보다 낫다는 속담은 사실이다. 순수한 예배가 어떤 예배인지 기억하려면 그것을 보여줄 그림이 필요하다. 모든 것을 설명할 수 없을 때 어떤 것을 경험하면 참으로 알수 있다. 누가복음은 바리새인의 집에서 열린 저녁 만찬에서 공개적으로 넘치도록 예수님을 섬긴 죄지은 한 여인의 모습으로 예배의 순수함을 보여준다.

36 한 바리새인이 예수께 자기와 함께 잡수시기를 청하니 이에 바리새인의 집에 들어가 앉으셨을 때에 37 그 동네에 죄를 지은 한 여자가 있어 예수께서 바리새인의 집에 앉아 계심을 알고 향유 담은 옥합을 가지고 와서 38 예수의 뒤로 그 발 곁에 서서 울며 눈물로 그 발을 적시고 자기 머리털로 닦고 그 발에 입 맞추고 향유를 부으니 (누가복음 7:36~38, 개정)

나는 우리가 예수님의 발을 눈물로 적신 여인의 이야기에 너무 익숙한 나머지 이 이야기가 우리에게 주는 영향력을 잃어버린 것은 아닌지 두렵다. 이 만남의 순간에 펼쳐진 충격을 그대로 전달하는 것은 무척 어렵다. 이것은 상상할 수 없는 엄청난 일이었으며 이 모습을 보는 모든 사람을 정말 불편하게 하는 사건이었다. 하지만 예수님과 여인의 만남은 우리에게 무엇이 하나님의 마음을 감동하게 하는지 깊은 깨달음을 준다.

이 사건에 나타나는 순수한 예배의 세 가지 핵심에 초점을 맞추자. 나는 이 세 가지 핵심이 한 세대의 마음에 다시 새겨져서 실제가 된다면 세상을 뒤집을 수 있다고 믿는다.

1. 순수한 예배는 대가가 있다

전통적으로 우리는 이 여인이 예수님의 발에 붓기 위해 깨뜨린 향유 옥합이 얼마나 비싼지 강조했다. 어떤 사람들은 이 향유 옥합이 한 사람의 1년 치 임금의 가치라고 추정한다. 하지만 이 여인은 단순히 값비싼 향수 한 병을 예수님 발 앞에 깨뜨린 것이 아니다. 이 여인은 당시 문화에서 자존심과 사회적 품위를 지키려는 사람은 절대 할 수 없는 값비싼 대가를 치른 것이다.

모든 사람은 자아상$^{SELF-IMAGE}$을 지키기 위해 가장 치열하게 싸운다. 이 여인은 옥합만 깨뜨린 것이 아니라 자기 자신도 함께 깨뜨렸다. 아마도 여인의 가슴은 터질 듯 두근거렸을 것이다. 사람들이 자기 행동을 어떻게 '해석'할지 알았고 그 결과 엄청난 비난을 받을 것도 알았지만 멈출 수 없었다. 여인은 단순히 예수님의 발 앞에 비싼 향수 하나를 깨뜨린 것이 아니라, 향유 옥합과 함께 자신의 모든 품위와 자존심을 깨트렸다.

우리는 그 방의 누구도 이 사건이 얼마나 중요한지 몰랐다는 것을 기억해야 한다. 이 사건을 본 사람 중 누구도 "와! 이 사건은 앞으로 수많은 아름다운 예배 곡에 영감을 줄 거야!"라고 생각하지 않았다. 그날 밤, 아무도 자기 소셜미디어에 "와! 방금 내 인생에서 가장 아름다운 예배를 봤어"라고 글 올리지 않았다. 눈에 띄는 사진도 어떤 미사여구도 없었으며 반대로 방에는 분노와 정죄가 가득했다. 아무도 이 여인의 행동이 옳다고 생각하지 않았다. 단 한 사람도 없었다. 예수님을 제외한 누구도!

예수님만 감동하셨다. 예수님은 여인이 얼마나 대가를 치렀는지 아셨다. 예수님은 이 예배의 순수함을 아셨다. 예수님은 이렇게 선포하셨다.

내가 진실로 너희에게 이르노니 온 천하에 어디서든지 이 복음이 전파되는 곳에서는 이 여자가 행한 일도 말하여 그를 기억하리라 하시니라 (마태복음 26:13, 개정)

잠깐 멈춰서 생각해 보자.

방에 함께 있는 사람들이 예수님의 말씀을 듣고 얼마나 충격 받았을지 상상할 수 있는가? 그들은 아마도 "예수님, 뭐라고요? 방금 저 여자가 한 행동이요? 이 방의 모든 사람을 불편하고 어색하게 만든 그 순간이요? 우리는 저 이상한 여자에게서 당신을 구하든지 아니면 예수님이 알아서 피하시기 바랐어요. 그런데 저 여자가 한 행동이 복음 선포와 함께 영원히 기억된다고요?"

그렇다. 예수님은 여인이 예배한 바로 그 순간을 말씀하신다. 우리는 이것을 이해해야 한다. 순수한 예배는 대중의 인기에서 얻을 수 없으며 인기에 신경 쓸 필요도 없다. 순수한 예배는 오직 예배받기 합당하신 하나님의 마음을 감동케 하고 하나님의 마음을 얻는 것만 바란다. 순수한 예배는 결코 예배에서 얻는 이익 때문에 드리지 않는다. 순수한 예배는 깊은 사랑에 눈이 멀었기 때문에 이 시대의 "용납할 만한" 사회 규범에 묶일 수 없다.

순수한 예배는 "나는 주님께 표현해야만 합니다. 다른 사람들이 나를 어떻게 보든지 나는 주님이 나에게 얼마나 소중한지, 내 삶을 어떻게 바꾸셨는지 주님께 알려 드리기 원합니다"라고 고백한다. 그래서 순수한 예배는 극단적이다. 순수한 예배는 하나님을 향한 사랑과 깊은 감사를 표현하기 위해 어떤 대가도 치른다.

알아두자. 다음에 예배할 때 누군가 과하게 예배를 표현해서 예배실의 예배자 전체가 불편하고 민망할 때 우리는 이해하기 어렵지만, 하나님은 그 예배에 감동하셨을 가능성이 정말 크다.

몇 가지 질문을 해보자. 우리가 예배에서 하는 많은 일에 대가가 필요한 것이 얼마나 있는가? 반대로 대가를 요구하기 때문에 우리가 예배에서 하지 않는 것이 얼마나 있는가? 대가를 치르지 않는 예배는 영향력이 없다. 다윗왕은 사무엘하 24:24에 선포한다. "값없이는 내 하나님 여호와께 번제를 드리지 아니하리라." 우리가 편안해하는 영역과 느끼는 감정과 상관없이 예배에서 일반적이며 정상적인 반응이라고 여기는 습관과 전통을 넘어서 주님께 대가를 치르며 예배할 때, 우리는 순수한 예배를 발견한다. 우리 품위와 자존심, 사적인 영역과 감정, 그리고 재정적인 위안을 하나님께 내어드리는 것이 대가를 치르는 것이며 하나님의 마음을 기쁘시게 하는 것이다.

2. 순수한 예배는 영원하다

오직 믿음과 사랑으로 표현하는 감미롭고 '마음에서 우러나온' 순수한 예배가 이 땅 위에 그리고 하나님의 마음에 영원한 감동을 주는 유일한 예배이다. 만일 여러분이 사람들의 평판과 영향력을 중요하게 여기면 여러분의 상급이 이 땅과 함께 사라질 뿐만 아니라 결코 하나님의 마음에 감동을 줄 수 없다.

누구도 하나님을 속일 수 없다.

오직 하나님만 우리가 드리는 제물의 순수함을 아신다.

우리는 대부분 자기 마음의 동기조차 분별하지 못한다. 나는 고린도전서 3:12~15을 읽을 때 종종 경각심을 느낀다.

12 만일 누구든지 금이나 은이나 보석이나 나무나 풀이나 짚으로 이 터 위에 세우면 13 각 사람의 공적이 나타날 터인데 그 날이 공적을 밝히리니 이는 불로 나타내고 그 불이 각 사람의 공적이 어떠한 것을 시험할 것임이라 14 만일 누구든지 그 위에 세운 공적이 그대로 있으면 상을 받고 15 누구든지 그 공적이 불타면 해를 받으리니 그러나 자신은 구원을 받되 불 가운데서 받은 것 같으리라 (고린도전서 3:12~15, 개정)

나는 인생의 마지막 날에 내가 주님께 바친 모든 제물이 바싹 마른 풀과 짚처럼 불에 타버린 것을 보고 싶지 않다. 다른 사람과 군중의 마음을 움직였지만 가장 중요한 하나님의 마음을 감동하는 것을 실패하고 싶지 않다. 나는 내 삶이 영원하기 바란다. 나는 이 땅에서 일종의 영향력 게임에 휘말려 영원한 상급을 빼앗기고 싶지 않다. 얼마나 비극인가!

기억하라. 집 지을 재료는 우리가 선택하는 것이다. 금이나 은, 보석이나 나무, 짚이나 나무, 자르고 남은 그루터기 중에 무엇으로 집을 지을 것인가? 만일 여러분이 지금까지 잘못된 재료로 집을 지었다면 오늘 바로 바꿀 수 있다.

3. 순수한 예배는 사랑으로 드린다

예배의 미래는 가장 뛰어난 작곡자나 음악의 거장이나 재능이 있는 보컬리스트에게 달린 것이 아니라 온 마음과 목숨과 뜻과 힘을 다해 하나님을 사랑하는 사람들에게 달려있다. "많이 사랑한" 복음서의 한 여인이 예배의 기준을 세웠다. "작은 사랑"은 항상 "작은 예배"를 낳는다. 사랑이 우리에게 필요한 리셋이며 우리가 갈망하는 개혁이다.

사랑은 어떤 능력보다 강하다. 사랑으로 충만한 사람은 모든 것을 이기고 이룰 수 있다. 사랑은 이 땅에서 가장 강력한 능력이며 우리는 이 능력의 참된 근원을 알고 있다. 하나님은 사랑이시다. 하나님은 사랑의 십자가를 통해 세상의 모든 정사와 권세를 영원히 부끄럽게 하시고 물리치셨다.

우리는 사랑의 능력과 잠재력을 과소평가하는 경향이 있다. 사랑만이 우리 삶에 만연한 영향력의 유혹과 파괴적인 이기적 야망을 떨쳐 버릴 힘이 있다. 사랑만이 우리를 비교의식과 거만함, 집착과 교만, 근심과 걱정과 두려움에서 자유롭게 할 만큼 사랑에는 강한 능력이 있다. 사랑은 말 그대로 우리 마음에서 이 모든 것을 몰아내어 우리를 깨끗하고 정결케 한다. 사랑이 다음 세대 예배자를 일으키는 유일한 능력이다. 우리가 쫓아야 할 것은 화려하고 멋진 최신 악기 소리가 아니라 예수님을 향한 순수한 사랑의 소리이다. 예수님을 사랑하는 사람들이 예배를 회복할 것이다.

견고한 기초

만일 여러분이 예배자나 인도자로서 실패한 것 같고, 합당하지 않으며 부적절하다고 느낀다면 하나님은 여러분을 리셋하시고 은사나 사람을 휘어잡는 매력이나 많은 성공적인 예배 인도가 아닌 새로운 기초를 주기 원하신다. 하나님은 우리에게 세상을 변화시키기에 충분한 주님을 향한 단순함과 사랑의 능력을 알려 주기 원하신다.

나는 성경에 나오는 모든 베드로 이야기를 좋아한다. 베드로는 나에게 많은 희망을 준다! 베드로는 자기 열정과 자기 힘과 용기로 사는 사람이었다. 한번은 베드로의 마음에 있던 교만이 드러나 마치 자기가 주님보다 더 분별력 있는 것처럼 주님께 충고하려고 했다. 베드로는 예수님을 그리스도라고 선포했으며 주님을 위해 죽겠다고 맹세했고 예수님이 붙잡히실 때 칼로 대제사장의 종의 귀를 베어버렸다. 하지만 사탄은 베드로를 밀 까부르 듯 했고, 결국 그렇게 되었다.

베드로의 힘과 열정이 실패했으며 자신이 믿은 모든 것을 한순간에 부인했다. 베드로가 주님을 부인한 순간 예수님은 베드로의 눈을 똑바로 보셨다.

나는 베드로가 사람들이 자신을 이렇게 적나라한 모습보다 더 좋은 모습으로 기억하기 원했을 것이라고 확신한다. 베드로는 다른 제자보다 더 높아지기 원했으며 흔들림 없는 굳건한 사람이 되고 싶었다. 그러나 베드로는 밀 까부르듯 흔들릴 때 가장 큰 선물인 "회복"을 받았다. 요한복음 21:15~17을 보면 예수님은 베드로에게 단순한 질문을 세 번 반복하신다. "*요한의 아들 시몬아, 네가 이 사람들보다 나를 더 사랑하느냐?*" 예수님이 질문하실 때 상한 마음의 베드로가 "*주님, 그렇습니다. 내가 주님을 사랑하는 줄을 주님께서 아십니다.*"라는 대답 외에 어떤 대답을 할 수 있었을까?

그 순간 베드로의 마음에 교만이나 열심, 칭찬받아 마땅한 성과나 시험과 고난 속에서 신실함을 지켜 승리하는 멋진 이야기, 다른 제자보다 뛰어난 충성심을 드러낼 것이 없었다. 사실 베드로는 모든 제자 중에서 예수님을 부인한 유일한 사람이었다. 베드로에게 남은 것은 오직 예수님을 향한 진실한 사랑뿐이었다. 그날 이후로 사랑이 베드로의 새로운 기초가 되었다.

삶이 당신을 밀 까부르듯이 흔들 때, 실망과 불편함이 찾아올 때, 고통이 당신을 흔들 때, 실패의 위협이 당신을 덮칠 때, 오직 사랑만 남을 때까지 스스로 쇠하라. 하나님이 당신을 세우시는 유일한 기초는 사랑이다.

예배 '산업'을 잊어라. "예배 인도자" 경력을 쌓으려는 목표도 잊어라. 그 목표는 이미 무너졌다. 오직 사랑에 빠진 연인이 되는 것을 목표로 삼아라.

사랑이 예배의 유일한 조건이다.

사랑이 기름 부음이 임하는 유일한 조건이다.

사랑이 당신의 유일한 권세다.

진정한 예배의 노래와 소리 나는 꽹과리의 단 한 가지 차이는 사랑이다.

오직 사랑만이 이 땅과 하늘에서 당신의 삶과 소리가 영원한 의미와 목적을 가질지 결정한다.

당신의 부르심은 예배 인도자 게임에서 이기는 것이 아니라 예수님을 더 사랑하는 것이다. 나는 종종 어떤 예배 인도자가 인도하는 예배에서 사랑을 느끼지 못할 때가 있다. 사랑이 없으면 예배에 많은 새 목표가 생긴다. 새로운 보컬 스타일, 새로운 예배 운동, 새로운 표현, 새로운 곡목과 "멋진 것들". 가끔 나는 그런 무대를 빗자루로 쓸어버리고 "그냥 예수님을 향한 너의 사랑을 보여줘!"라고 외치고 싶다.

사랑이 나를 이끈다.

사랑이 내 마음을 연다.

사랑이 내 열정을 새롭게 한다.

사랑으로 나를 이끄소서…

오직 예수님을 향한 순수한 사랑만이 예배 안에서 교회와 세상에 불을 붙일 수 있다. 훌륭하고 멋진 기독교 공연은 절대 이 불을 붙일 수 없다. 하지만 자신의 향유 옥합을 깨뜨리는 사람들과 어떤 대가를 치르더라도 예수님의 발 앞에 엎드려 눈물로 그 발을 적시고 입 맞추며 "사랑합니다"라고 고백하는 사람들, 주께 드리는 거룩한 낭비의 제사에 불을 붙인다.

그러므로 사랑의 불이 당신의 인생에서 가장 밝게 빛나게 하라. 멋지게 포장한 음악 공연이 아닌 순수함에서 능력이 흐르게 하라. 주님을 향한 정직한 마음과 예수님을 향한 진실한 사랑에서 능력이 흐르게 하라. 이 굳건하고 영원한 기초 위에 자신을 고정하고 사랑 안에 뿌리를 내려라.

THE RESET

3장 예배 개혁가의 네 가지 특징

CHAPTER 3 THE FOUR MARKS OF A WORSHIP REFORMER

나는 오랫동안 예수님의 성전 정화 이야기에 사로잡혀 있었다. 성전 정화는 성경에서 예수님이 누군가에게 물리적인 힘을 사용하신 유일한 사건이다. 만일 "문맥과 상관없이 자주 인용하는 성경 이야기 대회"가 있다면 이 사건이 우승을 노릴 만큼 사람들은 성전 정화 이야기를 모든 종류의 독선적인 자기 의(義)나 분노를 정당화하기 위해 사용했다. 하지만 이 말씀의 본질은 분노 조절 장애가 아니라 하나님의 집에서 드리는 예배와 기도, 신적인 방문과 거룩한 교정이 일어나는 순간의 이야기이다. 하나님의 아들이 아버지의 집을 찾아가서 불타는 열심으로, 아버지의 집을 모욕하는 모든 것을 쫓아내셨다. 이 이야기의 핵심은 거룩한 개혁이다.

요한복음은 이 사건을 이렇게 기록한다.

13 유대인의 유월절이 가까운지라 예수께서 예루살렘으로 올라가셨더니 14 성전 안에서 소와 양과 비둘기 파는 사람들과 돈 바꾸는 사람들이 앉아 있는 것을 보시고 15 노끈으로 채찍을 만드사 양이나 소를 다 성전에서 내쫓으시고 돈 바꾸는 사람들의 돈을 쏟으시며 상을 엎으시고 16 비둘기 파는 사람들에게 이르시되 "이것을 여기서 가져가라 내 아버지의 집으로 장사하는 집을 만들지 말라" 하시니 (요한복음 2:13~16)

마가복음은 이렇게 기록한다.

이에 가르쳐 이르시되 "기록된바 '내 집은 만민이 기도하는 집이라 칭함을 받으리라'고 하지 아니하였느냐 너희는 강도의 소굴을 만들었도다" 하시매 (마가복음 11:17)

잠시 이 사건을 상상해 보자. 우리 주님이시며 왕이신 예수님이 성전에 들어가서서 실제로 직접 시간을 들여 채찍을 만드신 후 환전상과 장사꾼들이 당혹할 정도로 엄청난 분노를 쏟아 내시면서 채찍을 내리치시고 판매대를 발로 걷어차며 돈과 상품을 던져 버리고 희생 제물로 파는 동물들을 쫓아내신다.

우리는 이 본문에 나오는 예수님의 강렬한 모습을 가볍게 보고 대충 넘어가면 안 된다. 이것은 사소한 꾸짖음이 아니었다. 성전 안에 예수님을 격노케 한 심각하고 명백한 불법이 있었다. 성전 정화 사건은 2000년 전에 일어난 일이지만 예수님은 여전히 현대의 영적인 처소를 향해 불타는 열정으로 가득하신 것을 잊지 말아야 한다. 현대 예배 영역에 주님의 거룩한 분노를 일으킬만한 것이 있는지 스스로 점검하는 것이 현명한 태도이다.

우리 모범이신 예수님

교회 역사를 살펴보면 교회가 예수님을 삶과 사역의 모범으로 따르지 않고 높이지 않을 때마다 즉시 상황이 엉망이 되고 어두움이 임했다. 우리는 이 실수를 반복한다. 현대 교회의 가장 큰 문제 중 하나는 성경 말씀과 예수님이 아닌 자기만의 하위문화를 끊임없이 흉내 내는데 몰두하는 것이다. 특히 소셜미디어 시대가 열리면서 무의식적으로 따라야 할 새로운 모범으로 유명한 예배 인도자와 목회자, 최신 교회 운동이 떠올라서 많은 사람이 그들의 성공을 흉내 내려고 한다.

하지만 나는 다음 세대가 따를 모범으로 현대의 "예배 연예인"을 물려주고 싶지 않다. "예배 연예인"은 불같은 열정과 순수한 사랑, 겸손과 거룩함, 경외함과 순종의 열매가 비참할 정도로 부족한 사람들이다. 솔직히 소셜미디어 계정을 빠르게 넘겨보면 자만심과 교만과 자화자찬으로 충만한 잘못된 모습으로 가득하다. "예배 연예인"은 예수님과 전혀 닮지 않았으며 내게도 이런 문화를 만든 책임이 있으므로 주님 앞에 회개한다. 지금 이 글을 쓰면서도 이 사실이 내 마음을 아프고 슬프게 한다.

오! 우리 시대에 예수님의 모범이 다시 높아지기를 바란다! 나는 이 땅이 예수님을 닮은 자녀들을 고대하며 신음하는 소리를 듣는다. 우리 시대에 하나님의 자녀들이 순수한 모습으로 나타나길 갈망한다! 이 땅을 덮은 어두움에 하나님의 빛을 비출 예수님을 닮은 사람들이 일어나야 한다.

하나님과 동등됨을 취하지 않으시고 육신과 영혼에 조금도 교만을 품지 않으신 예수님, 보좌와 영광을 버리고 이 땅에 오신 예수님, 우리를 위해 부요(富饒)와 특권을 버리고 가난을 취하신 예수님, 섬김받으러 오지 않으시고 섬기기 위해 자신의 생명을 내려놓으신 예수님, 십자가에 못 박히기까지 아버지를 향한 경외함과 겸손과 순종을 보여주신 예수님.

오! 영광의 예수님, 위대하신 예수님!

왜 우리는 예수님 외에 다른 무엇을 따르려고 하는가? 부패와 타락으로 미쳐버린 세상에서 예수님만이 유일한 길과 진리요 빛이시다.

나는 예수님만 따르는 참된 예수 세대^{TRUE JESUS GENERATION}의 예배자와 지도자들이 일어나기를 갈망한다. 이 예배자들과 지도자들은 이전 세대가 물려준 부서지고 부패한 모범과 아무런 관련이 없으며 이전 세대가 타협한 영역에 굳게 서서 충만한 주님의 열정으로 주님의 집을 개혁하여 열방을 위한 기도의 집을 만드는 데 헌신할 것이다.

개혁가들의 네 가지 특징

나는 성전 정화 사건에서 예수님의 삶에 뚜렷하게 나타난 네 가지 특징을 발견하였다. 이 네 가지 특징은 현대 예배를 개혁하고 정화하는 데 정말 필요한 요소이다. 나는 이미 지금 일어나고 있는 새로운 세대에서 이런 특징을 발견했으며, 앞으로 올 세대에서는 더욱 강력히 드러날 것이라고 믿는다. 이 특징은 성령님의 역사이므로 성령님과 함께하는 사람들에게 임한다.

1. 주님의 눈과 귀를 가진 세대

개혁가들에게서 나타나는 첫 번째 특징은 분별력이다. 개혁가들은 예수님처럼 분명하게 보고 듣는 사람들이다. 성경의 성전 정화 사건을 보면 예수님을 제외한 그 누구도 잘못된 성전 관습에 분노하지 않았다. 아무도 성전에서 비둘기 파는 사람과 상인들이 하나님을 예배하러 오는 사람들에게서 이익을 취하는 것을 보고 의심하거나 질책하지 않았다. 예수님이 성전을 정화하신 날은 예수님을 제외한 모든 사람에게 그저 수십 년간 지속한 성전 관행을 반복하던 평범한 날이었다.

모든 사람이 똑같았지만, 예수님은 달랐다.

예수님의 눈은 다른 사람과 달랐다. 예수님의 눈은 맑고 밝은 천국의 눈이었기 때문에 타락과 수치와 탐욕으로 가득한 부패한 관행이 주님의 집을 더럽히는 것을 분명히 보셨다.

왜 예수님 외에 아무도 이 문제에 잘못을 제기하고 고치려 하지 않았을까? 왜 예수님의 모습이 다른 사람에게 충격이었을까? 이것은 우리 삶에 천국의 관점을 잃어버리면 나타나는 현상이다. 로마가 하루아침에 세워지지 않는 것처럼 예배의 집도 하루아침에 부패하지 않는다. 수십 년간 천천히 쌓인 미묘한 타협이 우리를 타락시킨다. 세속적인 문화는 항상 천국의 문화를 물들이려고 시도하기 때문에 끊임없이 경계하지 않으면 우리는 천천히 끓는 냄비 속의 개구리처럼 돌이킬 수 없을 때 이르러서야 위험한 환경에 처했다는 사실을 깨닫는다.

구약 성경의 선지서를 읽어보면 하나님이 자녀들에게 다가가기 위해 상상하지 못한 방법을 사용하시는 것을 알 수 있다. 때로는 우리가 보기에 극단적이고 이상한 성적인 모습과 언어로 말씀하셨다. 예를 들면, 하나님은 호세아 선지자에게 창녀와 결혼하라고 명령하신다. 하지만 이 여인은 계속 호세아를 배신하고 떠나 간음한다. 하나님은 이 일을 통해 호세아에게 "*이 나라가 여호와를 떠나 크게 음란함이니라(호세아 1:2)*"라는 말씀을 주신다.

구약 성경에 이스라엘을 향해 기록한 예언적 글들을 보면 하나님께서 이스라엘의 악한 행실과 배신으로 고통스러워하시는 것을 볼 수 있다. 하나님의 절박함과 간절함이 문자에서 그대로 느껴진다. 하나님은 언제나 이스라엘 백성이 알 수 있도록 표현하셨다. "내 언약의 자녀들아! 너희가 그렇게 살면 내 마음이 얼마나 고통스러운지 보아라!" 하지만 안타깝게도 이스라엘은 자기 행위가 얼마나 "큰 문제"인지 몰랐다.

우리도 이스라엘과 크게 다르지 않다. 우리도 이스라엘처럼 하나님이 보시는 데로 보는 눈과 의지가 정말 부족하다.

나는 예배 인도자와 회중 사이에 이상하고 부적절한 관계가 생기는 것을 자주 느꼈다. 회중이 특정한 예배 인도자의 대중을 휘어잡는 매력에 이끌리어 환호하면 인도자는 자신도 모르게 회중의 관심에 취하고 결국 회중을 주님의 친밀함으로 이끄는 것이 아니라 자신과 친밀감을 쌓도록 이끈다. 예배 인도자가 점점 연예인같이 될수록 이런 현상이 더 자주 일어난다.

예배 인도자들이여, 이런 일이 계속 일어나면 안 된다. 예배 인도자라는 존재가 예배에서 신랑이신 예수님과 신부인 교회의 친밀함을 아주 조금이라도 방해하는 것은 거룩한 제사장 직분을 완전히 위반하는 것이다. 이것은 예배 인도자 자신도 위험할 뿐 아니라 우리가 이끄는 성도들에게도 위험하다. 만일 예배 시간에 회중이 인도자에게 더 집중한다고 느낀다면 인도자는 재빨리 회중의 시선을 예수님께 돌리고 예배의 초점을 다시 높은 찬양으로 옮겨서 회중이 오직 주님께만 영광 돌리게 하라! 이제 연예인이나 예술가 같은 인도자들이 주도하는 예배 행사WORSHIP EVENT와 결별하라. 이런 행사들이 참된 예배를 왜곡한다.

나는 누군가를 정죄하려고 이 책을 쓰지 않았다. 나는 10년 이상 예배 인도자로 살았기 때문에 이 문제가 아주 복잡하다는 것을 누구보다 잘 안다. 우리가 예배 인도자로서 예배를 인도할 때 회중의 마음을 통제하는 일이 얼마나 어려운지 잘 안다. 나는 예배 시간 중에 바른 방향을 벗어난 것을 깨달았을 때 그 상황을 바로잡을 분명한 지혜가 부족할 때가 많았다. 나도 오랜 여정을 통해 배운다. 하지만 한 가지 확실한 것은 예배 인도자의 순수함이 예배에 미치는 영향력이 우리가 생각한 것보다 훨씬 크다는 것이다. 순수함이 예배에서 회중을 예수님과 연결할지, 아니면 다른 누군가와 연결할지 결정한다.

우리가 천국의 심장 박동에 더 귀 기울이고 의지할수록 현재 우리 예배 문화에 담긴 진짜 "광기"를 더 많이 발견할 수 있다. 우리도 성전을 정화하신 예수님처럼 우리 예배 사역에 평범하고 일상적인 일이라도 하나님의 마음을 아프게 하는 것이 무엇인지 알아볼 수 있어야 한다. 우리 이름이 중점이 되지 말아야 할 예배 무대와 대기실, 예배 공동체와 "순회 예배WORSHIP TOUR"와 행사를 지배하는 것이 무엇인지 보는 눈이 열려야 한다.

오 성령이시여, 우리에게 임하사 우리 눈을 여소서! 우리에게 분별력과 지혜와 계시를 주소서! 우리 아버지께 담대히 기도하자.

하늘에 계신 우리 아버지, 우리에게 지혜와 계시의 영을 주사 주님을 더 알게 하소서. 우리 눈을 가린 모든 것을 걷어 내소서! 우리에게 주님이 보시는 것처럼 볼 수 있는 눈을 주소서! 성령님의 말씀을 듣는 귀를 허락하소서. 우리 도움이시며 인도자이신 성령님의 음성을 듣지 못하면 우리는 결국 길을 잃을 것입니다. 우리에게 듣는 귀를 주시고 우리 눈에 기름 부어 보게 하소서. 우리가 어디를 가든 주님의 눈과 귀와 마음을 품고 사는 사람이 되기 원합니다. 예수님의 이름으로 기도합니다. 아멘.

2. 여호와의 집을 향한 주님의 열심을 품은 세대

개혁가들에게 나타나는 두 번째 특징은 주님과 주님의 집을 향한 엄청난 열심이다. 열정 있는 지도자는 용기로 충만한 용감한 지도자이다. 제자들은 예수님의 성전 정화 사건을 보면서 시편 69:9의 말씀을 떠올렸다. **"주의 집을 위하는 열성이 나를 삼키고."** 나는 제자들이 성전에서 열심히 가르치시는 예수님의 모습을 보면서 이 말씀을 어렵지 않게 떠올렸을 것으로 생각한다.

"열심"은 서구 문화에서 가장 오해하기 쉬운 것 중 하나이다. 오늘날 당신이 "주의 집을 위하는 열성이 나를 삼켰도다!"라고 말하며 돌아다니면 아마도 곧바로 정신 병원에 갇힐지도 모른다. 나는 누군가가 열심과 열정을 드러내면 주변 사람들이 긴장하고 불안해하는 것을 발견했다. 만일 여러분이 예수님의 명령을 따라 하나님을 위해 "극단적으로" 말하고 행동하기 시작하면 많은 주변 사람이 즉시 당신을 경계하면서 화를 내며 그러지 말라고 주의하라고 경고할 것이다. 재미있는 것은 열정적인 것에 화낸 사람 중에 누구도 주님의 명령에 냉담하게 살거나 절반만 순종하면 나중에 더 큰 대가를 치른다고 경고하지 않는다는 점이다.

이렇게 많은 혼란과 오해에도 불구하고 열심과 열정은 신자들에게 필수적이며 사람들을 이끄는 신자에게는 더욱 필요하다. 나는 이사야 59:17에 하나님의 모습을 묘사한 구절을 참으로 좋아한다. "열심을 입어 겉옷으로 삼으시고." 참된 '열심'은 예배자를 보호하는 겉옷이다. 나도 주님의 열심으로 옷 입을 때 최고의 예배자, 인도자, 남편, 아버지, 친구가 된다는 것을 발견했다. 반대로 열심이 사그라들면 타협하기 쉽다. 그러므로 사도 바울은 로마서 12:11에서 우리에게 이렇게 경고한다. "부지런하여 게으르지 말고 열심을 품고 주를 섬기라."

예배 인도자들이여, 여러분의 열심과 열정을 놓고 거대한 영적 전쟁이 일어나고 있다는 사실을 항상 잊지 말고 기억하라. 우리가 의지를 다지고 주님을 향한 열정으로 타오르지 않으면 자기도 모르게 주님 아닌 다른 어떤 것을 향한 열정으로 타오르는 자신을 발견할 것이다. 안전지대는 없다. 원수는 계속해서 주님을 향한 우리 집중력과 사랑과 갈망을 분열시키고 그 방향을 바꾸려고 계략을 펼치기 때문이다. 만일 여러분이 예배 인도 경력과 주님의 집을 위한 열정을 둘 다 유지하려고 노력하면, 그중 하나는 잃고 하나를 얻겠지만 대부분 주님을 향한 열심히 아닌 당신의 예배 인도 경력만 남을 것이다. 우리는 오랫동안 자기 영광과 성공을 좇는 것이 마치 영적인 갈망인 것처럼 포장해왔다. 그러나 하나님이 우리에게 주신 부르심은 "내 명성과 영향력의 왕국"을 세우는 것이 아니라 먼저 "하나님 나라"를 세우는 것이다.

여호수아는 이스라엘이 약속의 땅에 들어가기 전에 하나님을 향한 충성을 새롭게 하도록 도전했다.

> 만일 여호와를 섬기는 것이 너희에게 좋지 않게 보이거든 너희 조상들이 강 저쪽에서 섬기던 신들이든지 또는 너희가 거주하는 땅에 있는 아모리 족속의 신들이든지 너희가 섬길 자를 오늘 택하라. 오직 나와 내 집은 여호와를 섬기겠노라 하니 (여호수아 24:15)

오늘 우리 앞에 같은 선택이 놓여있다. 시험이 찾아오기 전에 무엇에 충성할지 지금 결정하라. 약속의 땅에는 언제나 큰 시험이 도사리고 있으며 반드시 우리에게 시험의 때가 찾아온다. 그러므로 우리는 지금 무엇을 향한 열정과 열심으로 타오를지 선택해야 한다. 우리가 선택한 열정이 시험의 때에 우리가 주님 앞에 신실하게 서도록 도울 것이다.

이 순간을 놓치지 말라. 잠시 책을 내려놓고 주님을 향한 당신의 충성을 새롭게 하라. 어쩌면 이 순간이 당신의 인생에서 가장 중요한 순간일지도 모른다. 바로 지금, 인생의 모든 순간마다 다시 돌아와서 새롭게 헌신할 수 있는 예배의 제단을 쌓아라.

자신에게 질문하라. 나는 무엇을 향한 열정을 품을 것인가? 나는 무엇을 위해 나를 불태울 것인가? 내 열정과 열심의 기초는 무엇인가? 나 자신? 내 영광? 내 기회? 내 열정? 더 화려한 무대? 내 명성? 아니면 주님을 향한 열정을 선택할 것인가? 나를 위한 것이 아닌 주님의 영광, 주님의 마음, 주님의 뜻을 위한 열심을 품을 것인가? 주님의 신부, 주님의 집, 주님의 이름을 위해 주님과 연합하여 불타는 삶을 선택할 것인가?

현명하게 선택하라. 영원한 상급을 잃지 않도록 지켜라. 주님과 주님의 집을 향한 열정을 선택하라. 잠깐 있다 사라질 것이 아닌 영원히 남을 것을 선택하라.

3. 주님의 집을 향한 주님의 마음과 목적에 충성하는 세대

새롭게 일어나는 예배 개혁가들의 세 번째 특징은 언약적 충성이다. 이들은 주님이 품으신 주님의 집을 향한 마음과 비전을 다시 세우는 세대가 될 것이다. 예수님에게는 1세기 종교 지도자들이 완전히 잃어버린 주님의 집을 향한 비전이 있으셨다. 예수님은 환전상들의 탁자를 발로 차 엎으시며 그 비전을 분명히 선포하셨다. *"내 집은 만민이 기도하는 집이 될 것이다."* 아버지에게서 오신 예수님은 아버지의 집이 어떤 모습과 분위기이며 어떻게 알려져야 하는지 정확히 아셨다. 예수님은 하나님이 계획하신 아버지 집을 위한 목적이 어떻게 왜곡되고 무너졌는지 예리하게 지적하신다.

만일 우리가 지금까지 "기도의 집"이 무엇인지, 다른 사역과 어떻게 다른지 모르면서 여러 사역을 섬겼다면 이제 빨리 그 답을 찾아야 한다. 왜냐하면, 이 문제가 예수님께 정말 중요하기 때문이다.

나도 이 문제의 온전한 계시와 모든 해답을 아는 것은 아니지만 한 가지 분명히 아는 것은 기도의 핵심이 연결과 관계라는 것이다. 나에게 기도의 집은 하나님과 사람이 만나는 거룩한 연결의 장소이다. 기도의 집은 만남의 장막으로서 아직 하나님을 모르는 사람이든 예수님께 구원받은 사람이든 다 같이 살아 계신 하나님을 가까이 만나는 친밀한 장소이다. 기도의 집은 하나님을 찾는 사람과 하나님이 찾는 사람이 함께 모이는 곳이다. 즉, 기도의 집은 헌신의 집, 언약의 집, 진리의 집이며 만남의 집이다. 가장 중요한 것은 기도의 집이 주님이 임재하시는 집이라는 사실이다.

하나님의 영적 기도의 집을 섬기는 지도자로서 우리가 할 일은 무엇보다도 순전하게 주님을 섬기고 하나님과 자녀들, 즉 하나님을 찾는 사람과 하나님이 찾는 사람의 거룩한 만남을 돕는 것이다. 세상과 교회는 하나님과의 실재적인 만남과 진리, 해방, 구원, 치유, 임재가 머무는 곳인 기도의 집을 간절히 찾고 있다. 우리는 기독교 연예 산업CHRISTIAN ENTERTAINMENT BUSINESS에 종사하는 것이 아니라 하나님이 우리에게 주신 유일한 임무인 죽어가는 영혼들이 예수님의 생명과 소망과 참된 실체에 연합하여 생명의 길로 가도록 인도해야 한다.

우리가 세운 예배 처소는 우리 집이 아니라 하나님의 집이라는 것을 잊으면 안 된다. 그러므로 예배 처소는 주님의 비전과 계획을 따라야 한다. 만일 우리가 주님의 집을 향한 예수님의 비전을 소중한 임무로 여기지 않으면 많은 우상 숭배 문화와 관습이 예배 처소로 들어와서 그 일들이 실제로 일어나게 될 것이다. 우리는 이미 예배 처소 안에 너무 많은 우상 숭배 문화를 허용했다.

성전에서 예수님이 외치신 외침과 품으신 열정의 다림줄을 따라 주님의 집을 향한 하나님의 목적에 다시 충성할 지도자 세대가 일어나야 한다. 우리는 이제 "주님, 요즘은 교회에서 다들 이렇게 해요!"라는 핑계 뒤에 숨으면 안 된다. 우리 부르심은 단 한 번도 인기 있는 교회 구조와 프로그램을 따르는 것이 아니었다. 우리 부르심과 임무는 하나님 나라의 제자로 가득 찬 하나님 나라 공동체를 세우는 것이다. 우리는 이 땅에 우리 왕국이 아닌 주님이 직접 계획하신 청사진을 따라 하나님 나라를 세워야 한다.

우리는 주님의 집을 향한 하나님의 비전을 전할 뿐만 아니라 그 비전을 보여주는 산 증인으로 살도록 부르심 받았다. 우리 부르심은 이 땅에서 하나님이 임재하시는 성전으로서 천국과 이 땅을 연결하는 살아있는 통로가 되는 것이다.

내 사랑하는 형제자매 여러분, 우리는 주일 아침에 인기 있는 찬양 3~5곡을 연주하는 기계로 살도록 부르심 받지 않았다. 우리는 단순히 아름다운 목소리로 노래하고 숙련된 음악가가 되려고 태어난 것이 아니라 기도의 집으로 부르심 받았다. 우리의 창조 목적은 이 땅에서 살면서 십자가의 권능과 예수님이 흘린 보혈을 통해 하나님 아버지와 연합하여 걸어 다니는 주님의 임재의 처소로 사는 것이다.

우리 임무는 그저 노래하는 것이 아니다. 우리 임무는 우리가 노래하는 찬양을 눈에 보이도록 대기^{ATMOSPHERE} 중에 풀어내며 사람들이 하나님의 영광과 능력을 경험하도록 인도하는 것이다.

4. 주님의 집을 개혁하고 깨끗게 하는 것을 주저하지 않는 세대

예배 개혁가의 네 번째 특징은 자신이 할 일을 주저하지 않는 것이다. 예배 개혁가들은 공의를 실천하기 위해 치르는 대가를 피하지 않는다. 주님은 예레미야 4:1~2에서 이렇게 말씀하신다.

1 여호와께서 이르시되 이스라엘아 네가 돌아오려거든 내게로 돌아오라 네가 만일 나의 목전에서 가증한 것을 버리고 네가 흔들리지 아니하며 2 진실과 정의와 공의로 여호와의 삶을 두고 맹세하면 나라들이 나로 말미암아 스스로 복을 빌며 나로 말미암아 자랑하리라 (예레미야 4:1~2, 개정)

나는 지금 이 순간, 흔들리지 않는 것이 중요하다고 강조하고 싶다. 예수님이 성전을 정화하실 때 흔들리거나 망설이지 않으신 것처럼 지금 우리도 흔들리거나 망설이면 안 된다.

그러나 우리는 다른 사람의 탁자를 발로 걷어차기 위해 전심으로 달려가기 전에 성전 정화가 다른 사람의 삶과 사역에서 시작하는 것이 아니라 먼저 우리 안에서 시작한다는 사실을 깨달아야 한다. 예수님이 강한 자를 결박할 권세가 있었던 유일한 이유는 예수님이 결박당하지 않으셨기 때문이다. 우리가 형제의 눈에서 티를 빼기 전에 반드시 먼저 우리 눈의 들보부터 빼야 한다. 절실히 필요한 이 개혁은 먼저 우리가 우리 마음속에 타협한 영역을 다루고 죄를 고백하며 기도의 집을 하나님의 의도와 다른 모습으로 세운 것을 겸손히 회개할 때 시작된다.

마음의 성전을 정화하는 여정에 여러분을 초대한다. 오래전 느헤미야가 그랬던 것처럼 자기 마음속 "성벽"이 어떤지 둘러보며 자신에게 질문하라.

황폐한 부분은 어디인가?

타협한 부분은 어디인가?

무너진 부분은 어디인가?

사람들의 칭찬에 중독된 부분은 어디인가?

사람을 두려워해서 제대로 역할 하지 못한 부분은 어디인가?

내 이기적인 야망이 숨어 있는 부분은 어디인가?

내 안에 여전히 쓴 뿌리와 용서하지 않음, 시기 질투와 무례함, 험담과 중상모략, 적대감이 남아 활개 치는 부분은 어디인가? 여전히 내 마음 한구석에 우상의 산당이 남아 있는 곳은 어디인가? 하나님이 거하실 성소를 정욕과 음란물과 성적인 죄로 더럽히는 것은 아닌가? 내 입을 부정하고 비뚤어진 말로 더럽히는 것은 아닌가?

이 시대의 아름다운 비밀은 살아 계신 하나님이 머무시는 성전은 더이상 건물이 아니라 당신과 나, 하나님의 자녀들이라는 것이다. 하나님은 성도들을 살아있는 돌로 사용하셔서 영적인 처소를 세우신다. 사도 바울은 고린도 교회가 자신을 깨끗하고 정결하게 해야 한다고 분명히 말한다.

6:16 하나님의 성전과 우상이 어찌 일치가 되리요 우리는 살아 계신 하나님의 성전이라 이와 같이 하나님께서 이르시되

"내가 그들 가운데 거하며 두루 행하여 나는 그들의 하나님이 되고 그들은 나의 백성이 되리라 17 그러므로 너희는 그들 중에서 나와서 따로 있고 부정한 것을 만지지 말라 내가 너희를 영접하여 18 너희에게 아버지가 되고 너희는 내게 자녀가 되리라 전능하신 주의 말씀이니라 하셨느니라"

7:1 그런즉 사랑하는 자들아 이 약속을 가진 우리는 하나님을 두려워하는 가운데서 거룩함을 온전히 이루어 육과 영의 온갖 더러운 것에서 자신을 깨끗하게 하자 (고린도후서 6:16~18, 7:1 개정)

성령님이 우리 마음을 드러내시고 책망하실 때 주님의 마음을 근심케 한 모든 더러운 것과 오염된 것을 제거하는 영광스러운 회복의 역사를 시작하라. 우리 마음의 성전을 깨끗케 할 때 우리에게 임하는 주님의 기쁨을 경험하라!

우리 안에 내주하시는 하나님의 신비한 임재의 무게가 다시 한번 당신의 영혼에 새로운 전율을 일으키고 당신을 더 깊고 거룩한 성화의 여정으로 나아가게 하라. 하나님이 우리에게 요청하시는 가장 중요하고 위대한 개혁의 첫걸음은 예배의 마음과 교회 생명력의 회복을 위해 각 개인이 자기 내면의 성전을 정화하는 것이다.

THE RESET

4장 온 마음을 드려라
CHAPTER 4 BECOMING WHOLEHEARTED

하나님이 우리를 위해 계획하신 영광스러운 삶이 있다. 헤아릴 수 없는 자유와 기쁨과 깊은 교감으로 가득한 삶, 우리 온 마음을 드리는 삶이다. 우리를 걸작품으로 지으신 하나님은 우리전 존재가 하나의 목적을 위한 강력한 연합으로 활활 타오르는 삶을 살도록 계획하셨다. 하나님은 우리가 주님 앞에 두 마음을 품지 않고 온 마음을 다하여 오직 한 가지ONE THING에 모든 것을 완전히 드리는 삶을 살도록 초청하신다. 영광스러운 삼위일체이신아버지, 아들, 성령님께 온 마음을 드리는 삶, 우리 안에 주님만통치하시고 다스리시며 주님의 권세와 말씀과 사랑이 아무 방해없이 어떤 거부 없이 온전히 거하는 삶, 하나님은 우리를 이런 삶으로 부르신다.

온 마음을 드리는 삶은 다른 어떤 것과 비교할 수 없는 최고의 삶이다. 하지만 이것이 사실이라면 왜 그렇게 많은 사람이 다른 삶을 선택하는 것일까? 왜 그렇게 많은 사람이 서로 충돌하고 분열하며 깨어진 이중적인 삶을 사는 것일까? 온 마음을 드리는 삶을 선택하는 사람이 왜 그렇게 적을까? 나는 한 가지 중대한 장애물이 우리가 하나님께 온 마음을 드리는 삶으로 들어가는 길을 가로막았기 때문이라고 생각한다. 바로 자아의 죽음이다.

온 마음을 드리는 삶을 살려면 우리가 정말 받아들이기 힘들어하는 자아의 죽음과 완전한 순복이 필요하다. 우리가 하는 모든 일에 온 마음을 다하는 것은 우리가 직면하게 될 가장 어려운 도전이다. 적어도 나에게는 이 도전이 정말 어려웠지만 동시에 내가 지금까지 한 모든 것 중에서 가장 강력한 헌신이기도 하다. 내 모든 것을 버리고 주님을 위해 온 마음을 다해 살기로 한 날이 내 모든 것이 변한 내 인생의 영원한 전환점이었다.

좁은 문으로 가는 긴 여정

온 마음을 드리는 삶으로 가는 길은 빠르고 쉬운 산책로가 아니었다. 나는 이 과정이 느리고 고통스러우며 많은 인내가 필요한 길이라고 생각한다. 또한 하나님이 가장 원하시는 한 가지인 나 자신을 내어드리는 삶과 정면으로 부딪히는 길이라고 묘사한다. 나는 항상 내 전부가 아닌 일부분만 주님께 드리고 싶었다. 나는 내가 원하는 다른 것을 할 수 있는 유연함과 자유를 조금 남겨두고 주님께 드리기에 편한 것만 골라서 드리고 싶었다. 나는 엄청나게 고집 센 사람이었으며 포기하고 그만두는 것을 끔찍하게 생각했기 때문에 하나님이 나를 완전히 소유하시도록 권리를 포기하고 모든 저항을 내려놓는 것이 가장 힘들었다. 의미 없는 저항과 싸움을 멈추고 하나님께 항복하라. 하나님이 나를 소유하시게 하라.

C. S. 루이스는 이렇게 말한다. "인생에서 가장 어렵고 거의 불가능한 것은 당신의 모든 소원과 두려움을 포함한 전 존재를 그리스도께 바치는 것이다."[5] 많은 사람이 이중적인 삶에 익숙한 결과 욕망과 감정과 야망이 끊임없이 충돌하는 내면의 전쟁터 대신 "하나로 연합한 마음을 갖는 것"이 무엇인지 이해하지 못한다. 내 10대 후반과 20대 초반이 "욕망과 감정과 야망이 끊임없이 충돌하는 내면의 전쟁터"를 가장 잘 묘사하는 모습이었다. 내 마음은 전혀 온전하지 않았으며 다양한 갈망과 소원이 서로 뜨겁게 경쟁하는 전쟁터 같았다. 나는 평범한 삶을 견딜 수 없을 만큼 싫어했다. 9시에 출근해서 5시에 퇴근하고 주택과 자가용 구매 대출금을 갚으며 하루하루 사는 모습을 생각만 해도 내 영혼이 죽는 것 같았다.

나는 높은 지위를 가진 의미 있는 사람이 되고 싶은 깊은 욕망에 이끌려 어떤 꿈이든 내게 만족할 만한 희망을 주는 것이라면 모두 붙잡았다. 열정으로 가득한 멋진 인생을 원한 내 마음을

---

5. C.S 루이스, 순전한 기독교, Mere Christianity (Geoffrey Bles에 의해 1952년 영국에서 처음 출판한 후 샌프란시스코 하퍼콜린스에서 1996년 출판함), 197-198.

불타오르게 하는 데 음악보다 더 좋은 것은 없었다. 나는 주류 음악MAINSTREAM MUSIC계에서 유명해지겠다는 꿈이 생겼고 이 꿈은 순식간에 집착이 되었다. 나는 이 꿈을 이루기 위해 17살 때 친구들과 음악 밴드를 결성했다. 수십 곡의 노래를 작곡하고 매주 창고에서 귀가 찢어지도록 연습하며 싸구려 녹음실이라도 얻기 위해 커피숍이나 클럽을 가리지 않고 연주해서 번 쥐꼬리만 한 수입을 모두 녹음실에 바쳤다. 우리 눈은 반드시 꿈을 이루겠다는 결심으로 반짝반짝 빛났다.

나와 친구들이 꿈을 위해 쏟아부은 5년 동안 내 마음 한편에 이 꿈이 전부가 아닐지도 모른다는 생각이 끊임없이 나를 괴롭혔다. 정말 짜증이 났다. 말로 설명하기 어렵지만 내 삶을 향한 하나님의 부르심이 있다는 것을 느꼈고 이 사실이 나를 두렵게 했다. 그때는 내 꿈과 열정이 내 삶의 소망의 강력한 근원이었기 때문에 꿈을 포기하고 내려놔야 한다는 생각만으로도 삶이 끝나는 것 같았다.

나는 하나님의 부르심에 온전히 순종하면 저 멀리 이름도 모르는 나라로 가야 한다고 생각했다. 나는 어렸을 때부터 교회에 다니면서 "하나님의 수법"을 잘 알았기 때문에 이 이야기가 어떻게 흘러갈지 알았다! 나는 내 인생의 다음 10년을 다 쓰러져가는 텐트에서 선교사로 사는 모습을 생각만 해도 끔찍했다. 지금은 나에게 이런 기회가 온다면 절대 놓치지 않겠지만 젊은 시절의 나는 음악으로 유명해지고 싶었다. 지금 보면 참으로 피상적이고 의미 없는 꿈이지만 당시의 나에게는 그 무엇보다 중요했다.

내 자아의 죽음

나는 내가 주님을 섬기는 것이 아니라 나 자신을 섬긴다는 내면의 소리를 잠재우기 위해 할 수 있는 모든 것을 했다. 심지어 하나님과 일종의 거래를 시도했다. "하나님, 먼저 나를 유명하게 해주시면 내가 주님을 유명하게 해드릴게요!" 물론 이 문장보다 내 기도는 훨씬 덜 노골적이었으며 매우 시적이고 진실한 단어로 포장했다. 왜냐면 나는 하나님을 사랑했고 섬기고 싶은 마음도 있었기 때문이다. 하지만 나는 주님께 모든 것을 드릴 수는 없었기 때문에 완전히 순종하지 않고 괴로워하며 5년을 보냈다. 겉으로는 하나님을 섬기기 위해 노력하는 것처럼 보였지만 실제로는 록스타가 되고 싶은 꿈을 위해 살았다.

시간이 지날수록 나의 내면은 더욱 혼란스러웠다. 나는 내가 스스로 정한 인생의 노예가 된 것을 깨달았고 이 사실이 나를 더욱 비참하게 할수록 내 꿈에 더 집착했다. 나는 내 자아가 죽고 꿈을 포기하는 것이 끔찍한 운명이라고 생각했다. 하지만 하나님은 사랑과 자비로 내가 자아의 죽음으로 나아가도록 계속 초대하셨다. 나는 모든 것이 정점에 달한 그날 밤을 지금도 생생하게 기억한다. 나는 부모님과 대화하기 위해 부모님 집으로 갔다.

아버지에게 내가 하나님께 거역한 것을 언급하자 대화는 곧바로 말다툼이 되었다. 나는 이때 아버지가 하신 말씀을 지금도 기억한다. "아들아, 너는 지금 시속 150km로 질주하고 있지만, 너와 나 둘 다 네가 지금 가는 길이 어쩌면 주님이 주신 것이 아닐 수도 있다고 생각한다."

아버지는 나에게 영적인 조언을 구할 수 있는 분을 찾아가 성경적 상담을 받아 보라고 권면하셨다.

나는 그날 밤 상처받은 마음으로 부모님 집을 나왔다. 운전하다 사고가 날뻔할 만큼 화가 났지만, 아버지의 충고에 담긴 진리를 외면할 수 없었다. 그래서 나는 아버지 말에 순종하기보다는 내가 옳은 것을 증명하려고 세 분의 목사님께 성경적 상담을 요청했다. 처음 두 목사님과 만남은 괜찮았다. 두 목사님이 나에게 지금 하는 대로 내 꿈을 좇으면서 동시에 주님을 구하라고 권면했기 때문이다. 하지만 세 번째 목사님과의 만남은 달랐다. 참으로 신실한 하나님의 사람 짐 프레드릭스[JIM FREDERICKS] 목사님은 내 말을 경청하신 후 내 질문에 답변하시는 대신 나에게 새로운 질문을 하시면서 답해 보라고 하셨다.

목사님은 질문으로 내 신념 체계를 쿡쿡 찌르고 흔드셨으며 그 결과 나는 내가 믿었던 거짓말을 보기 시작했다. 내가 하나님에 관해 믿은 거짓말을 직면하면서, 내가 지금까지 "정상적인 삶"이라고 생각한 것이 거짓이라는 것을 발견했다.

목사님과의 만남은 내 마음을 깨트렸다. 이유를 설명할 수는 없지만, 마침내 나는 순복할 준비가 되었으며 무슨 일이 있어도 내 자아의 죽음을 맞이할 준비를 한 후 바로 실천했다. 음악을 향한 내 꿈과 열정과 소망을 포기하고 모든 것을 제단 위에 올려놓고 하나님께 순복했다. 나는 즉시 파노라마처럼 황홀한 천국 환상을 봤다고 말하고 싶지만, 현실은 그렇지 않았다. 오히려 나는 정말 비참했고, 내가 꿈꾼 인생을 잃어버린 것이 슬펐으며 여전히 왜 모든 것을 포기해야 하는지 혼란스러웠다.

하지만 나는 시간이 흐를수록 내 영혼에 무언가 스며드는 것을 느꼈다. 나는 그날 밤을 기억한다. "내가 지금 느끼는 이 감정…이 감각…내 생각에…아마도 이것이 평안인 것 같아!" 정말 오랜만에 느끼는 평안 속에 그날 밤 내가 경험한 느낌과 감정을 묘사할 단어를 찾기 힘들었다. 그날 밤 나는 하나님이 실제로 내 안에 역사하시는 것을 깨닫고 이전보다 조금 더 확신을 가지고 주님께 더욱 깊이 순복했다. 나는 살면서 처음으로 이렇게 기도했다.

"내 인생에 내 뜻이 아닌 주님의 뜻을 이루소서."

이 단순한 기도가 내 인생의 방향을 완전히 바꾸었다. 나는 록스타가 되려고 노력한 5년 동안 예배 곡을 쓰지 않는데 갑자기 새로운 예배 곡이 흘러나오기 시작했다. 나는 이 새 예배 곡이 이전에 내가 쓰려 한 곡들과 상당히 다르다는 것을 알았다. 억지스럽지 않았고 다른 사람의 예배 곡을 흉내 낸 것처럼 들리지도 않았다. 새로운 예배 곡에 이전에 없던 능력과 깊이와 확신이 묵직하게 느껴졌다. 나는 내 안에서 무언가 바뀐 것을 깨달았다. 이제 나는 두 마음을 품지 않았고 주 앞에서 온전해졌으며 내 안에는 하나님의 노래로 가득 채워졌다.

먼저 죽어야 부활한다

80년대 후반에 개봉해서 빠르게 소수 관중의 엄청난 인기를 누린 프린세스 브라이드PRINCESS BRIDE라는 영화가 있다. 영화에서 한 영웅이 고문당하고 결국 "죽임"당하자 영웅의 친구들이 그를 지역의 주술사에게 데려간다. 주술사는 그 영웅에게 사망 선고 대신 "거의" 죽었다고 진단한다. 영화에서 이 부분은 실소가 터지게 만드는 장면이지만 나는 "거의" 죽은 상태가 기독교인들 사이에 아주 일반적이라는 것을 깨달았다. 많은 기독교인이 주님께 부분적으로 순종하고 자신의 절반만 드리면서 마치 좀비처럼 살아간다. 이것은 단순히 비극적인 일이 아니라 하나님 나라 확장에 큰 손해를 끼친다. 왜 그럴까? 우리에게 부활의 능력과 생명이 필요하기 때문이다.

문제는 이것이다. 부활은 오직 죽은 사람만 경험할 수 있다. 살아있는 사람은 부활이 필요 없다. 사도 바울이 기록한 로마서 6:3~4은 시적인 표현이 아니다.

3 무릇 그리스도 예수와 합하여 세례를 받은 우리는 그의 죽으심과 합하여 세례를 받은 줄을 알지 못하느냐 4 그러므로 우리가 그의 죽으심과 합하여 세례를 받음으로 그와 함께 장사되었나니 이는 아버지의 영광으로 말미암아 그리스도를 죽은 자 가운데서 살리심과 같이 우리로 또한 새 생명 가운데서 행하게 하려 함이라 (로마서 6:3~4)

기독교인으로 우리가 직면하는 삶의 도전은 그리스도의 부활의 능력과 새로운 생명을 경험하기 위해 먼저 주님의 죽음에 연합하는 것이다. 하지만 많은 사람이 그리스도의 죽음에 연합하는 과정은 건너뛰고 그리스도의 부활에만 연합하기를 원한다. 구원의 1단계를 건너뛰고 바로 구원의 2단계로 나아가려는 것이다. 그러나 구원의 1단계를 통과하지 않으면 구원의 2단계로 나아갈 수 없다. 십자가 건너편에서 예수님이 우리에게 허락하시는 새로운 생명을 맛보려면 먼저 자기 십자가를 지고 자아를 완전히 부인해야 한다. 디트리히 본회퍼는 이렇게 말했다.

"그리스도께서 누군가를 부르실 때는, 와서 죽으라고 명령하시는 것이다." [6]

현대 "기독교"는 제자도의 대가 지불을 피하기 위한 신학적 지름길로 많은 이념을 사용하여 십자가의 길을 돌아갈 무수한 방

---

6. 디트리히 본회퍼, 나를 따르라, The Cost of Discipleship (New York, NY: SCM Press Ltd. 1959, Touchstone, 1995), 8p

법을 만들었다. 하지만 십자가의 길에 지름길은 없다. 많은 사람이 자기 비전과 꿈이 "하나님 나라를 추구하는 길"이라고 하지만, 그것을 자세히 보면 희생을 전혀 찾아볼 수 없는 자기중심적이고 이기적인 야망에 뿌리를 둔 것을 쉽게 알 수 있다.

복음서는 예수님을 따르는 것은 모든 것을 포기하는 것이라고 말한다. 우리 예수님은 어떻게 하면 부드럽게 전달할까 고민하고 주저하시면서 "아무든지 나를 따라오려거든 자기를 부인하고 날마다 제 십자가를 지고 나를 따를 것이니라(누가복음 9:23)"고 말씀하지 않으셨다. 갈라디아 교회를 향한 바울의 말씀도 이와 같다. "내가 그리스도와 함께 십자가에 못 박혔나니 그런즉 이제는 내가 사는 것이 아니요 오직 내 안에 그리스도께서 사시는 것이라(갈라디아 2:20)" 우리는 성경 곳곳에서 제자도의 의무와 요구 사항과 대가를 분명하게 볼 수 있다.

만일 당신의 부르심이 생명을 내려놓기를 요구하지 않는다면, 그것은 예수님의 부르심이 아니다. 부르심을 얻기 위한 대가 지불이 없다면 그것은 복음의 부르심이 아니다.

순복과 권위

오늘날 많은 예배 인도자가 잃어버린 가장 큰 특징은 영적 권위이다. 나는 영적 권위가 각 개인이 하나님께 순복한 정도에 따라 다르다고 믿는다. 신자의 삶에 나타나야 할 영적 권위는 오직 하나님께 우리 자신을 완전히 내어 드릴 때만 주어진다. 자신이 믿는 것을 위해 기꺼이 죽을 준비가 된 모든 신자에게 영적인 권위가 함께 한다. 오직 한가지 이유, 하나님의 영광을 위해 사는 사람이 감당할 수 있는 영적인 무게가 존재한다. 쉽게 타협하는 반쪽짜리 마음을 가진 사람들은 영광의 무게를 절대 감당할 수 없으며 오직 한 가지 이유, 하나님의 영광에 집중하는 마음과 둘로 나뉘지 않은 열정을 품은 사람만이 영광의 무게를 견딜 수 있다.

우리가 치를 대가가 적지 않기 때문에 예수님은 우리에게 제자도의 대가를 계산하라고 말씀하셨다. 자아의 죽음이 제자도의 대가이다. 죽는 것은 절대 기분 좋은 일이 아니기 때문에 죽음 건너편에 무엇이 기다리는지 궁금해하는 사람도 적다. 자기 삶을 버리고 예수님을 전심으로 따르는 사람들에게 역사하는 부활의 능력에 관심 있는 사람도 적다. 지난 20년 동안 내 사역에서 흘러간 모든 권위와 창의성은 내가 처음 주님께 완전히 순복한 결과이다.

기억하라. 하나님은 우리를 죽은 채 내버려 두지 않으신다. 하나님은 치명적인 내면의 자아를 죽이고 우리를 주님의 부활의 능력과 권위와 생명으로 채우기 원하신다.

온 마음을 다하는 예배

우리는 예배할 때, 온 마음을 다해야 한다. 하나님은 온전한 마음이 아닌 것에는 조금도 관심이 없으시며 우리의 온전한 사랑보다 더 귀한 분이시다. 주님은 질투의 하나님이시다. 주님은 자신의 자녀들을 다른 신이나 다른 사랑, 혹은 다른 추구할 것과 공유하지 않으신다. 하나님은 우상 숭배자나 여러 신을 믿는 사람이 아니라 자신의 자녀들과 언약을 맺으신다. 신실하게 언약을 지키시며 진실하신 하나님은 사도 베드로가 말한 것처럼 우리를 "그의 소유 삼기" 원하신다. 하나님은 온 마음으로 온전하게 헌신하는 자녀들을 원하신다.

바실레아 슐링크^{BASILEA SCHLINK}는 "나의 모든 것을 그분께"라는 책에서 하나님의 갈망을 아주 분명하게 표현한다.

"주님은 우리를 정말 사랑하시기 때문에 우리의 전부를 소유하기 원하십니다. 예수님은 우리를 위해 자신을 아낌없이 주셨습니다. 이제 주님은 우리가 진정으로 주님의 첫사랑이 될 수 있도록 우리 전 존재와 가진 모든 것, 우리 전부를 주님께 드리기를 간절히 원하십니다. 예수님께 우리의 전부, 우리의 첫사랑보다 못한 것을 드리는 것은 아무 의미가 없습니다. 너무 오랫동안 주님을 향한 우리 사랑이 여러 갈래로 나뉘었습니다. 우리 가족이나 소유물이 하나님보다 더 큰 의미가 있다면 주님은 우리 사랑이 진실하지 않다고 여기십니다. 그러므로 예수님은 나누어진 사랑을 가진 사람들과 언약을 맺지 않으십니다. 왜냐하면, 언약은 완전하고 성숙한 사랑이 필요하기 때문입니다. 예수님이 우리의 사랑을 얼마나 간절히 원하시는지요. 주님은 우리의 사랑을 정말 소중하게 여기기 때문에 우리가 온 마음을 다한 사랑으로 헌신하기를 기다리십니다."[7]

주님께 온 마음을 다해 헌신하며 한결같은 사랑을 드리는 것이 우리가 할 수 있는 가장 큰 영적 예배의 행위이다. 왜냐하면, 이것이 하나님이 가장 원하시는 것이기 때문이다. 로마서 12:1이 이 진리를 분명히 선포한다.

그러므로 형제들아 내가 하나님의 모든 자비하심으로 너희를 권하노니 너희 몸을 하나님이 기뻐하시는 거룩한 산 제물로 드리라 이는 너희가 드릴 영적 예배니라 (로마서 12:1)

순복하지 않으면 예배할 수 없다. 희생 제물 없이는 제사도 없으며, 제물 없는 곳에 불이 임할 수 없다. 누군가가 자신의 생명을 담대하게 내려놓지 않으면 "개혁, 부흥, 영적 각성, 부흥의 불" 같은 멋진 말들은 부흥회 유행어로 남을 뿐이다. 이제 우리 시대에 진심으로 예수님의 불과 향기로 가득 찬 예배 인도자들이 일어나야 한다. 하지만 이것은 우리 삶 전체를 습관적으로 하나님의 제단 위에 올려놓을 때 가능하다.

---

7. 바실레아 슐링크, 내 모든 것을 그분께(절판), 예영커뮤니케이션 출판

천국에 있는 영적인 권위와 임박한 영광과 거룩한 불이 이 땅에 풀려질 때를 기다리며 온 마음을 다하는 예배자들이 일어나기를 기다리고 있다. 이 예배자들은 "이는 내게 사는 것이 그리스도니 죽는 것도 유익함이라(빌립보서 1:21)"라고 진실하게 선포하는 사람들이다.

우리 앞의 기쁨을 위해

하나님을 위해 기꺼이 죽으려면 우리 앞에 있는 기쁨을 보아야 한다. 주님을 위해 모든 것을 포기하고 생명을 내려놓으며 우리의 유일한 주인이신 예수님께 온전한 마음을 드리는 사람을 위해 말로 표현할 수 없는 자유와 기쁨이 기다리고 있다. 우리 자신을 예수님께 완전히 바치고 하나님의 뜻과 소원이 우리 인생의 최우선 순위가 될 때 우리 내면에 변화가 일어난다.

우리가 마음을 다스리고 주님만 따르면 가장 먼저 천국이 우리에게 반응하기 시작하는 것을 알게 된다. 장담하건대, 천국이 우리 삶의 모든 결정과 헌신을 지켜보고 있다는 것을 깨달으면 절대 과거로 돌아갈 수 없다. 영광스러운 천국 앞에서 사람들의 박수갈채와 높은 지위, 거친 비난과 하찮은 꿈과 야망은 전부 빛을 잃고 전에는 우리 마음을 사로잡던 것이 더이상 중요하지 않게 된다. 이 세상 어떤 영광도 천국의 영광과 하나님의 기쁨이 우리를 덮는 것과 비교할 수 없다.

지금 수많은 창의적 예술가들이 자기 필요와 꿈과 욕망과 이기적인 야망, 불안감과 내면의 공허함, 명성의 유혹이라는 감옥에 갇혀 있다. 어쩌면 이 책을 읽는 당신도 이런 사람 중 한 명일지 모른다. 나도 이런 감옥에 갇혀 사는 것이 어떤지 잘 안다. 하지만 나는 이 감옥에서 완전히 자유로워지는 것이 어떤지도 안다. 나는 여러분에게 자유가 우리를 기다린다는 사실을 알리고 싶다. 예수님 안에 자유가 있다.

십자가에 자유가 있다! 자기 삶을 포기하고 완전히 순복하는 자유, 모든 세속적이고 이기적인 야망을 내려놓는 자유, 순복과 언약의 좁은 문으로 들어가는 자유, 자기를 부인하고 예수님께 나누어지지 않은 온전한 마음으로 충성을 맹세하는 자유, 첫사랑의 자유.

자유의 문을 통과하면 아름다움과 새로움, 생명과 창의성, 삶의 목적과 풍성함을 발견할 수 있다. 즉, 주님께 온 마음을 드리는 삶에서만 경험할 수 있는 자유와 기쁨을 발견할 것이다.

만일 한 번도 당신의 삶을 주님께 온전히 맡긴 적이 없다면, 왜 망설이는가? 당신이 어디에 있든지 지금 이 책을 내려놓고 무릎을 꿇어 예수님이 간절히 원하시는 한 가지, 당신의 삶 전체를 제단 위에 남김없이 모두 올려 드리고 지켜보라.

곧 제단 위에 불이 임할 것이다.

THE RESET

5장 꿈을 분별하라

CHAPTER 5 LAND OF YOUR DREAMS

우리가 꿈꾸는 것을 축하하고 격려하는 시대에 사는 것이 얼마나 주님께 감사한 일인가! 우리는 천국과 동역 관계를 맺고 도시와 지역, 교회, 산업과 기업에 하나님의 꿈이 흘러가게 할 "꿈꾸는 사람들"이 그 어느 때보다 필요하다. 하나님이 우리 안에 심으신 꿈은 소망의 씨앗으로 역사한다. 지혜를 따라 이 땅에 소망의 씨앗을 심으면 자라서 하나님의 구원 목적을 풀어낸다. 우리 안에 하나님의 꿈이 드러날 때 우리는 이 땅에 소금과 빛의 역할을 감당하며 어디에서 무엇을 하든 어둠을 몰아내고 부패를 막는다.

이렇게 꿈은 강력한 힘이 있어서 우리의 꿈을 놓고 많은 영적 전쟁이 벌어진다. 우리가 꿈꾸는 땅은 천국의 약속으로 풍성하지만 그렇다고 유혹과 함정이 없는 것은 아니다. 나는 종종 신자들이 마음속의 꿈을 어떻게 다루고 이루어야 할지 혼란스러워하는 것을 본다. 내 꿈이 한때 내 우상이었다. 내 꿈이 나를 주님께 온전히 순복하지 못하게 만들고 하나님과의 관계를 단절시켰으며 주님께 온 마음을 다하는 삶을 살지 못하게 막는 가장 큰 장애물이었다. 이런 삶을 살다 하나님과 함께 꿈을 꾼다는 가르침을 접했을 때 큰 갈등에 빠졌다. 나는 위로부터 임하시는 성령님의 생명력을 느꼈지만, 하나님과 함께 꿈을 꾼다는 것이 도대체 무슨 의미인지 몰랐다. 나는 겨우 탈출한 함정에 또다시 빠지고 싶지 않았기 때문에 주님께 지혜를 구했고, 그때 주님이 주신 응답으로 얻은 작은 통찰력을 여러분과 함께 나누고 싶다.

내가 나누는 작은 간증이 당신의 삶의 여정에서 올바른 방향을 찾는 데 도움이 되기를 기도한다.

거룩한 꿈과 거룩하지 않은 꿈

지나치게 단순한 구분일 수 있지만 나는 일반적으로 꿈을 거룩한 꿈과 거룩하지 않은 꿈으로 나눈다. 거룩한 꿈은 구원이라는 영적인 입양을 통해 아버지 하나님과 깊은 친밀함을 누리고 성령님께 순복한 결과 태어난 꿈이다. 거룩하지 않은 꿈은 육체에서 나온 꿈, 고아의 영에서 흘러나온 꿈이며 아버지 하나님과의 친밀함이 부족하여 우리 정체성이 주님께 연결되지 못할 때 나오는 꿈이다. 거룩한 꿈과 거룩하지 않은 꿈의 가장 큰 차이는 꿈이 시작한 지점이다. 거룩한 꿈은 하나님과의 친밀한 연합과 주님을 향한 완전한 순복에서 시작한다. 거룩하지 않은 꿈은 고

아처럼 하나님과 단절된 마음, 자기중심적이고 야망으로 가득 찬 마음에서 시작한다. 요약하면, 우리와 하나님의 친밀함의 깊이와 주님을 향한 순복의 정도에 따라 우리 꿈이 얼마나 건강한지 결정한다.

당신은 이렇게 질문할 수 있다. "그러면 내 안의 소원들은 왜 있는 건가요? 하나님 말고 누가 내 안에 이 꿈을 주신 건가요? 내 안의 꿈을 추구하고 좇는 것이 하나님의 뜻이 아니라는 건가요?"

이것은 아주 좋은 질문이며 나도 이 질문을 놓고 씨름했다. 먼저 진리를 하나 선포하겠다. 우리는 백지상태로 태어나지 않았다. 우리는 창조 받은 피조물이며 우리 마음 깊은 곳의 갈망과 특별한 은사들이 창조주께서 각 개인에게 주신 삶의 목적과 계획이 무엇인지 알려준다. 주님은 음악과 리듬으로 내 뼛속까지 채우셨다. 내가 12살 소년이 되어 음악을 발견했을 때, 나는 문자 그대로 거룩한 무언가를 만나서 마치 내 안에 거룩한 교환이 일어난 것 같았다. 나는 본능적으로 음악이 내 삶에 빈 시간을 채우는 단순한 취미나 여가활동 이상이라는 것을 알았다. 음악은 내 모든 것을 전율하게 했으며 말로 표현할 수 없는 방식으로 나를 사로잡고 감동하게 했다. 하나님이 나를 음악을 위해 구별하셨다는 것을 나뿐 아니라 내 주변 사람도 분명히 알았다.

그러나 이런 경험이 그 시점부터 내가 추구한 모든 음악이 거룩하다는 의미는 아니었으며 오히려 거룩함과 거리가 멀었다!

여러분도 마찬가지이다. 우리가 꾸는 모든 꿈이 다 하나님에게서 오거나 하나님과 함께 하는 꿈이 아니라는 사실은 지혜와 지식의 은사가 없어도 쉽게 알 수 있다. 하나님이 우리 마음에 특별한 무언가를 주셨으므로 그것을 표현하겠다는 모든 시도가 하나님의 뜻이라는 의미는 아니다. 빈야드 운동의 창시자 존 윔버는 이렇게 말했다. "길을 가기 시작했다면 그 길에서 벗어나지 말고 계속 가야 한다."

하나님이 여러분 안에 소망과 꿈을 심으셨는가? 좋다! 하나님이 여러분에게 세상을 바꾸는 선한 일을 하도록 창의력과 영광을 허락하셨는가? 좋다! 하지만 그 영광스러운 꿈을 이루는 유일한 길은 우리가 예수님의 죽음을 통해 주님의 뜻에 온전히 연합하는 것이다. 매일 주님의 뜻에 자신을 복종시키고 성령님의 인도를 따르라. 하나님이 우리 삶의 유일한 근원이 되시기 전에 하나님과 꿈꾸려는 시도는 우리를 파멸의 길로 인도할 것이다.

청소년 시절에 유명한 록스타가 되겠다는 내 꿈은 분명히 거룩하지 않은 꿈이었다. 록스타가 되겠다는 꿈 자체가 거룩하지 않다는 말이 아니라 적어도 나에게는 이 꿈이 주님에게서 온 것이 아니었기 때문에 거룩하지 않은 꿈이었다는 의미이다. 하나님 아닌 사람에게 인정받는 것으로 삶의 의미를 찾고 마음의 공허를 채우려는 갈망에서 거룩하지 않은 꿈이 나왔다. 돌이켜 보면, 만일 내가 22살의 젊은 청년 시절에 이 거룩하지 않은 꿈을 정말 이루어 유명한 음악가가 되었다면 내 삶과 가족과 미래는 완전히 망가지고 어쩌면 나는 이혼한 중독자이거나 더 나쁜 사람이 되었을지도 모른다. 하지만 나는 주님께 순복하여 하나님의 꿈을 이루는 삶을 살면서 가족과 함께 그 축복을 누리며 내 노력으로 얻는 것과 비교할 수 없는 놀라운 미래를 세워가고 있다.

하나님의 꿈

만일 이미 여러분이 하나님이 주신 꿈을 이루는 중이라면 조심스럽게 한 가지 권면을 하고 싶다. 하나님에게서 온 거룩한 꿈이라도 그 꿈을 이루는 여정에서 주님과의 친밀함을 잃고 주님께 순종하지 않으며 자기 스스로 꿈을 통제하고 이루려고 하면 그 꿈은 거룩하지 않은 꿈으로 바뀐다. 우리는 아브라함과 이스마엘 이야기를 잘 안다. 아브라함이 주님께 받은 약속을 자기 힘과 노력으로 이루려 했을 때 결국 고통과 분열과 혼란을 낳았다. 아브라함이 언약의 성취로 이삭을 얻은 후에 하나님은 약속으로 주신 아들을 다시 바치도록 요구하시면서 아브라함의 마음을 시험하신다. 이것은 굉장히 극단적인 상황이지만 하나님의 의도는 분명하다. 주님 아닌 그 어떤 것도 우리 마음의 보좌를 차지할 수 없다는 것이다. 심지어 예언의 말씀과 하나님이 주신 언약조차도 말이다. 하나님은 우리를 위해 하나님 아닌 그 어떤 것도 우리 마음을 차지하도록 허락하지 않으신다.

다른 것이 우리 마음의 보좌를 차지하면 우리 삶은 세워지기는커녕 파멸되고 말 것이다.

성령님께 순복한 꿈은 결코 육신의 노력으로 열매 맺을 수 없다. 나는 하나님이 우리에게 가장 큰 순종을 요구하시는 순간이 우리 꿈을 이루기 시작하는 순간이라는 것을 깨달았다. 이유는 알 수 없지만, 대부분 우리는 이 중요한 순간에 스스로 상황을 통제하려는 성향이 있다. 그러나 이것은 최악의 선택이다. 우리는 실패했을 때 큰 순종이 필요하다는 것을 안다. 하지만 성공을 위해서는 더 큰 순종이 필요하다. 우리가 이 단순한 진리를 배울 수 있다면 역사의 영적 도표에서 하나님의 부흥이 일어난 후에 항상 하강 곡선을 그리며 쇠퇴하는 역사를 바꿀 수 있을 것이다.

나를 움직이는 것은 무엇인가?

나는 우리 주변의 많은 자기인식 도구SELF-AWARENESS TOOL를 보고 놀라곤 한다. 하지만 우리는 여전히 선택과 결정으로 이끄는 근본적인 힘을 깨닫지 못하고 있다. 꿈은 우리 삶에 숨겨진 것을 보여주는 강력한 계시이자 원동력이다. 꿈은 종종 우리에게 숨겨진 것을 보여준다. 만일 지금까지 한 번도 자신의 꿈을 진지하게 살펴본 적이 없었다면 이제 진지하게 꿈을 바라보라. 우리가 꿈을 열심히 살펴보면 앞으로 몇 년간 우리 마음을 괴롭힐지도 모르는 좌절과 고통과 낙심을 덜어줄 수 있다. 자신의 꿈과 야망을 살펴보는 것을 두려워하지 말고 자신에게 이렇게 질문하라.

"나를 움직이는 것은 무엇인가? 내 꿈과 야망을 움직이는 것은 무엇인가? 정직하게, 내 근본 동기는 얼마나 순수한가? 내 꿈은 주님을 위해 온 마음으로 살기 원하는 진실한 갈망에서 나오는가? 나는 두 마음을 품지 않았는가? 내 마음의 모든 동기는 주님을 향한 순종에서 나오는 친밀함에 뿌리를 두고 있는가? 아니면 다른 것에 뿌리를 둔 것은 아닌가?"

우리 꿈과 야망을 더 효과적으로 시험하고 싶다면 성령님께 우리 마음에 무슨 일이 일어나고 있는지 알려 달라고 구하라. 나는 성령님이 반드시 우리를 도우실 것이라고 믿는다. 만일 당신이 결혼했다면 배우자에게 물어보라. 배우자는 당신이 모르는 진짜 모습을 안다. 만일 미혼이라면 하나님 안에서 여러분을 사랑하며 진실을 말해줄 성령 충만한 지도자에게 지혜로운 조언을 구하라.

아마도 대부분 주님은 여러분이 바른길을 간다고 말씀하시며 계속 그 길을 가도록 격려하시거나 어쩌면 작은 방향 수정이나 부정확한 시점, 틀린 접근 방식과 생각을 드러내실 수도 있다. 아니면 완전한 리셋을 위해 당신의 꿈을 온전히 내려놓도록 초청하실 수도 있다. 만일 하나님이 당신에게 모든 것을 내려놓으라고 하셨다면 아브라함을 생각하며 용기를 내기 바란다. 아브라함은 매우 중요한 사실을 기억했기 때문에 기꺼이 아들을 제물로 드릴 수 있었다. 하나님은 죽은 자를 살리실 수 있다.

여러분이 무엇을 하든지 하나님께 대항하지 말고 순종하라. 하나님은 우리 것을 빼앗는 분이 아니라 우리를 세우기 위해 일하시는 분인 것을 기억하라. 우리가 붙들고 있는 것보다 주님께 온전히 맡기는 것이 가장 안전하다. 열매 맺는 삶의 유일한 방법은 하나님 안에 변함없이 머무는 것이다. 우리 꿈은 삶의 모든 단계에서 하나님과 함께하는 것이어야 한다. 하나님은 우리와 함께, 우리를 통해 역사를 만들기 원하신다. 하나님은 모든 것을 통해 우리를 주님께 더 가까이 이끌어 주님과의 관계를 깊어지게 하시며, 주님을 향한 우리 믿음과 즐거움과 기쁨과 사랑과 예배가 이전보다 더욱 넘치기를 원하신다.

예수님 없이 이룬 꿈은 사실 완전히 공허하고 무의미하므로 꿈을 이루었다고 말할 수 없다. 하지만 우리가 아주 작고 사소한 꿈이라도 예수님과 함께 이루어 간다면 주님 없이 이룬 가장 위대한 꿈보다 훨씬 더 큰 행복을 얻을 것이다.

만일 아직 하나님께 여러분의 꿈을 온전히 내어드린 적이 없다면 더이상 주저하지 말라. 하나님과 단절된 상태로 단 하루도 낭비하지 말고 자신의 모든 꿈을 하나님께 드리고 주님과 나눠라. 주님 앞에 자신의 꿈을 복종시키고 하나님의 손에 맡겨라. 하나님이 당신의 꿈을 다스리시게 하라. 이렇게 살 수 있는 가장 실제적인 방법은 범사에 기도하는 법을 배우는 것이다. 기도는 순종과 의존의 행위이다.

비전을 품고 성취할 전략과 계획을 세우기 전에 먼저 기도하라. 자신의 꿈을 다른 사람과 나누기 전에 먼저 기도하고 중간에도 기도하고 마지막에도 기도하라. 여러분의 모든 길을 주님께 맡겨라. 하나님이 우리를 인도하셔서 우리 마음의 꿈과 우리 손으로 하는 일을 하나님이 이루시게 하라.

THE RESET

6장 성령으로 거듭나라

CHAPTER 6 BORN OF THE SPIRIT

의심의 여지 없이 이 시대에 가장 필요한 것은 성령님으로 충만한 사람들이다. 현재는 과거의 어떤 시대보다 재능 있는 보컬리스트와 음악가, 작곡가, 노래 인도자와 유명한 노래로 넘친다. 그러나 주님께 순복하는 그릇에서 흘러나오는 성령님의 강력한 임재와 권능이 우리에게 절실히 부족하다. 오직 성령님이 모든 것을 변화시키신다. 나는 가장 미숙하고 재능 없는 사람도 성령님께 온전히 순복하면 이 세상의 모든 타고난 재능과 은사를 소유한 사람들보다 훨씬 더 놀라운 일을 이룰 수 있다고 확신한다.

우리는 참된 예배 인도자가 절실히 필요하다. 노래 인도자와 예배 인도자의 차이는 바로 성령님이다. 누구든지 4개의 코드로 만든 부르기 쉬운 노래를 인도할 수 있지만 참된 예배 인도는 성령님의 능력으로만 가능한 활동이므로 성령님 안에서, 성령님과 함께, 성령님을 통해 인도하고 노래하는 법을 배워야 한다.

사도 바울은 빌립보서 3:3에 우리가 "하나님의 성령으로 봉사하며WORSHIP 그리스도 예수로 자랑GLORY 하는 사람"이라고 기록한다. 성령님의 임재와 권능이 없는 예배는 땅에서 높이 올라가지 못한다. 성령님의 손길이 예배 인도자와 노래에 역사하실 때 회중의 마음이 열리고 하나님이 원하시는 예배의 향기가 올라간다.

나는 거룩하고 기름 부음 넘치는 예배마다 마음에 성령님이 주시는 직접적인 감동이 있었다. 내가 처음 "우리 아버지OUR FATHER"라는 예배 곡을 인도했을 때 강력한 성령님의 감동이 있었다. 주일 저녁 예배를 시작한 지 45분이나 지났지만, 예배 진행은 엉망이었고 나는 그저 빨리 예배가 끝나기를 바라면서 건성으로 기도했다. "주님, 오늘 여기 임하셔서 영광 보여주시기를 기다립니다…" 이미 나는 저녁 예배를 포기한 상태였다. 그런데 공동 예배 인도자가 다음 곡을 부르자 예배실의 분위기가 변했다.

주님의 영광이 실제로 나타나기 시작했다.

처음에는 그렇지 않았지만, 갑자기 어느 순간 분위기가 바뀌면서 예배실에 마치 전기가 흐르는 것 같았고 회중이 술렁였다. 그 순간 잘 모르는 노래 한 곡을 꼭 불러야 한다는 감동이 들었다. 예배 곡 목록에도 없고 사전연습도 하지 않았지만 그 곡으로 예배를 인도해야 한다는 느낌을 떨칠 수 없었다. 그래서 용기 내어 부드럽게 노래하기 시작했다. "하늘의 아버지 거룩한 그 이름…" [8]

8. Our Father(하늘의 아버지), Marcus Meier / © 2009 Forerunner Worship, "For the Sake of The World" by Bethel Music, CCLI 곡 번호 6258346

우리가 이 노래를 부르자 예배실에 하나님의 영광이 눈에 띄게 증가하기 시작했다. 내 얼굴 앞의 공기가 마치 반짝반짝 빛나는 것같은 황홀한 경험을 결코 잊을 수 없다. "천국 임하소서"라고 노래하는 것과 주님의 영광이 눈앞에 실제로 나타나는 것은 완전히 다른 일이다.

짧은 순간이었지만 나는 그때 참된 예배가 무엇인지 경험했다. 하나님의 영광이 중심이 되자 내가 선 무대는 사라지고 "특별한" 직함을 가진 "특별한" 사람도 사라졌다. 예배실의 모든 사람이 그저 다 같은 예배자였으며 모두 하늘을 향해 눈을 들어 경외감과 경이로움에 사로잡혔다.

다시 돌아가지 않으리

성령님과 동행하는 삶을 경험하면 평범한 삶에 만족할 수 없다. 성령님의 인도하심에 순복할 때 주어지는 동역의 기쁨을 한 번이라도 맛보면 결코 다른 방식의 삶으로 돌아가고 싶지 않을 것이다. 성령님의 인도하심은 가장 흔한 순간을 경이로운 만남으로, 평범한 예배를 천국을 경험하는 순간으로 바꾸시며 가장 평범한 사람을 비범한 지도자로 변화시킨다. 성령님의 음성에 귀 기울일 때 우리를 초자연적인 권능으로 인도하는 문이 열린다. 성령님이 우리에게 임하시면 타고난 재능이나 능력을 훨씬 뛰어넘는 일을 하고 말하며 노래하고 곡을 쓸 수 있다.

내 사역은 두 시기로 구분할 수 있다. 첫 번째 시기는 성령님의 인도하심을 모르던 때다. 두 번째 시기는 성령님의 인도하심을 적극적으로 따르며 성령님의 감동에 순종하여 성령님이 원하시는 것을 하고 성령님이 원하시는 노래를 부르는 지금이다. 성령님의 인도하심을 모르던 첫 번째 시기에는 영적인 역사가 거의 없었지만 성령님의 인도하심을 따르기 시작한 두 번째 시기에는 내가 꿈꾼 것보다 훨씬 더 많은 역사가 나타났다. 첫 번째 시기에 성령님의 개입 없이 내 노력으로 사역한 시기에는 30분의 찬양 예배가 정말 달콤하고 만족스러웠다. 나는 예배를 인도하고 노래할 기회를 얻은 것만으로도 만족스러웠으며 좋은 교회 프로그램과 훌륭한 연주팀과 함께 4~5곡의 찬양을 부르고 탄탄한 설교를 들은 후 맛있는 점심을 먹는 것이 정말 좋았다.

그러나 성령님이 개입하시자 모든 것이 변했다.

나는 내게 부족한 성령님을 향한 굉장한 민감함을 가진 몇몇 예배 인도자를 발견했다. 그들은 하나님이 예배에 무엇을 원하시는지 알았으며 그들이 성령님께 순종할 때 모든 것이 변했다. 훌륭하고 평범한 교회에 무거운 주님의 임재가 폭탄처럼 떨어져서 사람들이 크게 감동하고 자유를 체험하는 교회로 변했다. 누군가 성령님께 민감하게 반응하여 그 인도하심에 순종했다는 이유만으로 천국이 이 땅을 침노하는 것을 보고 내 안에 불이 타오르기 시작했다. 내 안에 한 가지 갈망, 성령님을 더 알기 원하는 간절한 목마름이 생겼다. 나는 이제 성령님의 인도와 음성 없이 살 수 없다는 것을 깨닫고 성령님의 역사가 나에게 임하기를 간절히 부르짖어 구했다.

주님은 오늘도 내가 드린 이 기도에 신실하게 응답하신다.

임재는 주님 그 자체이다

하나님과의 모든 것은 관계에서 시작해서 관계로 끝난다. 성령님도 마찬가지이다. 우리가 어떤 올바른 영적 공식을 알아내어 그 공식대로 공연하고 종교적 의식을 치른다고 성령님의 능력이 나타나지 않는다. 성령님의 권능은 우리가 성령님을 올바로 알고 올바른 관계로 들어갈 때 나타난다.

교회에서 성령님을 표현하기 위해 "임재"라는 단어를 사용한다. 어쩌면 이런 표현이 성령님을 직접 지칭하는 것보다 덜 부담스럽고 더 안전하게 느껴질지도 모른다. 우리는 "하나님의 임재가 느껴지십니까?", "이곳에 하나님의 임재가 가득합니다!"라고 선포한다. 나는 이런 표현을 반대하지 않으며 나도 이런 단어를 많이 사용했다. 하지만 주님의 임재는 추상적이고 신비스러운 힘이 아니라는 것을 이해해야 한다.

"임재"는 하나님의 인격이다.

매우 기본적이고 당연하게 보이겠지만 우리가 "임재"를 성령님의 인격으로 여기지 않으면 성령님을 더 알아가며 함께 동역할 수 있는 초청을 놓칠 수 있다. 성령님은 영적 안개나 구름이나 분위기가 아니라 살아 계신 인격이시다. 우리가 "임재가 강력하게 임합니다!"라고 말할 때 성령님의 인격이 "강력하게 임하셨다."라는 의미이다. 내 존재와 인격을 절대 분리할 수 없는 것처럼 성령님도 마찬가지다. 사람을 비인격적으로 대하는 것이 매우 큰 잘못인 것처럼 우리가 성령님을 비인격적으로 대하는 것은 우리 자신을 위험에 빠트리는 것이다. 추상적인 "임재"는 마음, 감정, 갈망, 감수성, 슬픔, 인지력, 친밀함, 주권, 거룩함이 없다. 하지만 성령님은 이 모든 것을 소유하신다. 우리는 성령님을 구할 때 항상 성령님의 인격을 존중해야 한다.

안타깝지만 많은 사람이 성령님을 "선택적이고 추가적인 경험"으로 여기는 비극적인 가르침을 받았다. 많은 사람이 성령님을 강단 초청이나 기도 사역 시간, 청소년 수련회에서 경험하는 일회성 만남의 대상으로 생각한다. 하지만 성령님은 무한하시다! 모든 신자는 삶에서 날마다 성령님과 끊임없이 교제해야 한다. 아버지께서 보내신 성령님은 여기 이 땅에서 우리가 받은 부르심을 이루도록 우리를 인도하시고 채우시며 책망하시고 위로하시며 가르치시고 소통하신다. 성령님 없는 삶과 사역과 지도력은 불가능하다. 많은 사람이 성령님을 만났지만, 성령님과 동행하는 사람은 매우 적다.

성령을 따르라

성령님을 따르는 것은 교회의 "기도 사역 시간"을 의미하는 것이 아니라 완전히 새로운 생활방식을 의미한다. 성령님을 체험하는 것은 멋진 일이지만 우리 여정의 출발선일뿐 종착역은 아니다. 교회에서 가장 자주 인용하는 성경 구절 중 하나는 사도 바울이 기록한 갈라디아서 말씀이다. "우리가 성령으로 새 생명을 얻었으므로, 성령을 따라 살아야 합니다(갈라디아서 5:25, 쉬운성경)"[9] 성령님을 따라 산다는 말이 아주 단순하게 보이겠지만 우리에게 매우 큰 도전을 주는 생활방식이다. 수많은 사람과 교회가 성령님을 따르는 데 실패하는 이유는 이런 삶이 굉장히 극단적인 리셋이 필요하다는 점을 과소평가하기 때문이다.

기독교 지도력의 독특성은 내가 누구를 이끄는가보다 누구를 따르는가에 더 중점을 둔다는 점이다. 나는 지도력 관련 도서를 읽으면서 많은 지혜를 배울 수 있어서 감사하다. 하지만 우리는 누군가를 이끌기 전에 먼저 주님을 따르도록 부르심 받았다. 이 땅에서 예수님을 따르려면 예수님께서 승천하신 후 우리를 돕도록 보내신 성령님을 따라야 한다. 우리가 진정한 영적 지도자가 되려면 먼저 성령으로 충만하고 성령의 인도하심을 받는 것이 가장 큰 목표가 되어야 한다. 우리의 가장 중요한 임무는 삶에서 날마다 성령님을 따라 사는 사람이 되는 것이다.

---

9. 영어 성경 갈라디아서 5:25은 "성령과 속도를 맞추다, 보조를 맞추다, 함께 걷다"라는 의미의 문장인 "keep in step with the Spirit(ESV)"이라고 표현한다. - 역자주

내 개인적인 경험을 나누면, 나는 다른 사람을 인도하는 것은 힘들지 않았지만 다른 사람을 따르기 위해 순종하는 것은 굉장히 힘들었다. 나는 전반적인 상황을 통제하는 것을 좋아했으며 구체적인 방향을 설정한 지침이 있는 것을 좋아했기 때문에 모든 예배 세트를 어떻게 인도할지 꼼꼼하게 준비하면서 각 곡을 어떻게 시작하고 어떻게 마무리할지, 곡과 곡 사이는 어떻게 연주할지 미리 정했다. 그래서 내가 "성령님을 따르는 삶"을 살겠다고 결심했을 때 스스로 삶을 통제하려는 마음을 버리고 완전히 새로운 태도로 맹렬하게 헌신해야 했다.

성령님을 따르는 것은 내 영적인 여정의 작은 변화가 아니라 극적인 방향 전환이었다. 나는 모든 면에 "순종하며 따르는 지도자"라는 새로운 위치에 있다는 사실을 매 순간 기억하고 받아들여야 했다. 순종하며 따르는 지도자는 독립적으로 움직이지 않기 때문에 내 안의 독립성과 매일 전쟁을 치렀다. 내 생각대로 예배를 기획하고 준비하며 인도했던 기존 방식을 버리고 성령님과 함께하는 새로운 방식에 순종했다.

성령님을 따르는 것은 "영적 임무"에만 한정된 것이 아니라 우리 삶의 모든 크고 작은 의사 결정 과정을 포함한다. 우리는 끊임없이 성령님의 인도를 구하고 성령님의 음성에 기꺼이 순종하는 마음을 가져야 한다. 성령님을 초대하는 법을 배우고 함께 대화하면서 성령님의 조언을 받아야 한다. 나는 성령님과 대화하는 법을 배운 후 성령님이 내 모든 영역에 얼마나 관심이 있으시며 말씀하고 싶어 하시는지 깨달았다. 성령님은 내 삶, 교회, 임무, 내가 인도하는 예배의 곡 목록, 아내, 자녀들, 재정, 관계, 내 식사와 일상의 모든 것에 역사하기 원하신다!

내가 성령님을 따라 사는 것을 처음 배울 때 이전에 얼마나 성령님을 의지하지 않고 성령님의 도움과 인도하심을 구하지 않았는지 깨닫고 소름이 돋았다. 나는 성령님께 죄송한 마음으로 수줍게 고백할 수밖에 없었다. "성령님, 제가 성령님께 말 걸기를 정말 오랫동안 기다리셨죠?, 그렇죠?" 나도 나를 따르는 사람들이 나와 소통하거나 확인하지 않고 멋대로 내가 무슨 생각을 하고 어떻게 하기 원하는지 가정한 후 일을 처리하면 정말 답답했던 기억이 났다. 나도 그들과 똑같았다. 지금도 가끔 나는 이런 죄를 짓지만 계속해서 회개하고 돌이켜 성령님께 민감하게 반응하며 순복하려고 노력한다.

내가 무슨 일이 있어도 성령님을 따르기로 다짐한 이후로 내 계획대로 흘러간 예배는 단 한 번도 없었다. 모든 예배에 성령님이 개입하셨다(나와 함께 연주한 예배팀이 증언할 수 있다). 처음에는 너무나 떨리고 두려웠지만, 지금은 기쁜 마음으로 성령님이 역사하시기를 기다린다. 성령님을 초청하고 순종하며 따르는 과정이 아무리 어렵더라도 나는 결국 성령님을 따라 실천할 때 진정한 영적 돌파가 일어나는 것을 배웠다.

여러분도 나처럼 우리의 삶과 지도력을 성령님께 헌신하기를 권면한다. 성령님의 인도를 받는 새로운 생활방식에 도전이 없는 것은 아니지만 그 어떤 삶보다 우리 안에 놀라운 천국의 생명력과 기쁨이 넘친다. 일단 성령님께 삶을 양보하고 성령님과 교통하는 자세가 자리 잡으면, 마치 숨 쉬는 것처럼 자연스럽고 힘들지 않게 성령님과 소통할 수 있다는 것을 알게 될 것이다. 그리고 다시는 과거의 삶으로 돌아가고 싶지 않을 것이다.

완전한 순복

나는 결국 가장 중요한 열쇠인 성령님께 순복하는 삶을 발견하기 위해 수많은 노력을 쏟아 지도력을 키울 수 있는 다양한 방법과 기술을 개발하려 한 시간을 생각해보면 지금도 재미있다. 결국 포기하는 법을 배우기 위해 몇 년을 노력해야 할까? 사람을 기쁘게 하고 사람에게 칭찬받으려는 시도를 멈추고 하나님께 단순하게 순복하는 삶은 얼마나 걸릴까? 영적인 성숙은 성령님께 순복하며 성령님의 음성을 기다리고 귀 기울이며 들은 것에 순종하며 순복할 때 일어난다.

더 크게 순종하고 복종할수록 더 큰 권능을 얻는다.

참된 영적인 권능은 강한 사람을 통해 흐르는 것이 아니라 순복하는 사람을 통해 흘러간다. 자기를 비우고 자기 힘을 내려놓은 사람만이 성령님의 능력으로 충만해진다. 하지만 우리는 자기를 비우고 내려놓는 것을 망설인다. 우리는 두려움 때문이든 약한 믿음 때문이든 성령의 능력으로 충만하기 위해 자신을 내려놓기를 주저하며 자기 삶에서 얻은 편안한 안전함과 안정감 뒤에 숨으려 한다.

그러나 순복하지 않으면 권능도 없다.

나는 현대 교회에 "성령의 나타나심과 능력(고린도전서 2:4)"을 막는 가장 큰 장애물이 성령의 능력을 반대하는 신학 때문이라고 생각했다. 하지만 더 큰 문제는 성령님께 항복하기 싫어하는 우리 마음과 통제권을 포기해야 한다는 두려움 때문이라는 것을 깨달았다. 순복은 매우 인기 있는 설교 주제이지만 순복하는 삶을 사는 사람은 드물다. 순복해야 한다는 설교는 큰 감동과 도전을 주지만 현실에서는 매우 불편한 주제다. 하나님께 순복하는 것은 우리가 통제하는 모든 것을 내려놓고 포기하는 것을 의미한다. 특히 순복하는 삶은 우리를 어디로 인도할지 모르기 때문에 예측하기 어렵고 매우 위험해 보인다.

나는 많은 교회와 목회자들이 부흥을 목말라 하며 성령님의 역사를 갈망하고 천국이 이 땅을 침노하는 것을 보기 원하며 '더 큰 일'이 일어나기를 바라지만, 막상 성령님이 인도하시도록 자기 계획과 프로그램을 양보하지 못하기 때문에 그토록 갈망하는 부흥을 보지 못한다고 생각한다.

우리는 예배 시작 전에 "주님! 오늘 밤 당신이 원하시는 대로 마음껏 역사하소서!"라고 큰 소리로 기도하는 것은 좋아하지만, 매주 성령님의 음성을 듣고 순종하기 위한 위험은 감수하지 않으며 여전히 계속해서 우리 프로그램과 증명된 찬양 목록과 우리가 통제한 결과를 더 의지하고 선택한다. 우리는 매주 성령님을 향한 순복이 아닌 자기 통제권을 선택하면서 왜 성령님의 권능이 나타나지 않는지 의아해한다.

오, 나는 우리가 자기 힘으로 이룰 수 있는 결과에 그만 좀 감동했으면 좋겠다! 실제로 미국 교회는 가파르게 쇠퇴하는 상황인데도 우리는 교회 성장과 성도 숫자에 깊이 감명받고 있다. 우리 주변 문화가 도덕적 혼란과 불의의 나락으로 계속 타락하는데도 "의미 있는" 예배와 세련된 목회자에 만족스러워한다. 우리는 언제까지 자기 힘으로 이룰 수 있는 것에 매료되어 우리의 영적인 파산 상태를 보지 못할 것인가? 과연 언제쯤 우리의 최선조차도 하나님 안에서 완전히 미약하다는 것을 깨닫고 성령님의 방법과 계획과 권능에 전적으로 자신을 바치고 의지할 수 있을까?

우리가 나라와 도시와 공동체와 교회에서 간절히 보기 원하는 영적 돌파는 아주 가까운 곳에 있다. 주님의 강력한 임재를 한 번만 만나면 가장 단단한 마음이 녹고, 가장 심각한 질병이 치유되며, 가장 불가능한 상황이 주님의 손길과 성령님의 권능 한 방울로 바뀔 수 있다.

우리를 기다리시는 성령님은 이미 우리와 함께하시며 역사하실 준비가 되셨다.

문제는, 우리가 순복할 준비가 되었는가? 이다.

THE RESET

7장 진리가 중요하다

CHAPTER 7 TRUTH MATTERS

나는 진리를 아주 당연하게 여기며 성장했다. 교회라면 기록된 하나님의 말씀을 항상 당연하게 지킬 것이라고 생각했다. 왜냐하면, 그게 바로 교회가 하는 일이기 때문이다. 교회는 성경을 진리로 믿는다. 내 조부모님과 부모님도 모두 그렇게 확고히 믿었기 때문에 나는 교회 모든 사람이 그럴 것이라고 생각했다. 나는 우리 선조들이 성경을 기독교인의 삶에 다림줄과 절대 진리로 세우기 위해 얼마나 큰 대가를 치렀는지 몰랐다. 나는 이렇게 힘들게 세운 기준이 세상에서 빠르게 무너지는 것을 보며 깜짝 놀랐다. 이 시대에 우리가 좌우로 흔들리는 이유는 교회가 진리를 사수하기 위한 싸움에서 뒤로 물러섰기 때문인지, 원수의 미혹에 강하게 저항하지 않아서인지 확실히 알 수 없다. 사실 나는 둘 다 맞다고 생각하며 우리는 어느 때보다 진리를 알리고 선포해야 할 굉장히 중요한 시대에 살고 있다고 생각한다.

성경에서 예배에 관해 가장 많이 인용하는 구절은 예수님이 우물가의 여인과 대화하시며 선포한 말씀이다.

> 23 아버지께 참되게 예배하는 자들은 영과 진리로 예배할 때가 오나니 곧 이때라. 아버지께서는 자기에게 이렇게 예배하는 자들을 찾으시느니라. 24 하나님은 영이시니 예배하는 자가 영과 진리로 예배할지니라. (요한복음 4:23~24, 개정)

하나님이 찾으시는 참된 예배자의 첫 번째 자질은 "영 안에서" 예배하는 것이고, 두 번째 자질은 "진리 안에서" 예배하는 것이다. 그러나 많은 사람 중에, 특히 예술적 재능이 있는 사람은 마음과 영에 관심을 두는 만큼 진리에 관심을 두지 않는다. 하지만 예수님은 영과 진리 두 영역의 중요성을 똑같이 강조하신다.

영이신 하나님이 영과 진리로 예배받기 원하신다는 말씀은 이상한 것이 아니다. 하나님은 무지함과 거짓으로 높임 받지 않으신다. 주님뿐만 아니라 누구든지 그렇다. 우리 중 누구도 자신의 진짜 모습이 아닌 것으로 존중받는 것을 좋아할 사람은 없다.

오직 진리만이 하나님께 존귀와 영광을 돌릴 능력이 있다.

우리 예배에 진리가 부족하면 우리가 예배하는 주님을 온전히 섬기고 높이는 것이 불가능하다.

무엇이 예배를 예배 되게 하는가

태초에 이 땅에 인류가 존재한 순간부터 예배는 계속되어 왔다. 인류는 자기 손으로 온갖 종류의 신을 만들었으며 신들을 달래서 자기 소원을 이루는 데 필요한 다양한 종교 예식과 관습을 개발했다. 우리가 주목할 것은 예배 관행이 어떤 모습이든 예배자는 그 예배를 받는 신에게 지배받는다는 사실이다. 심지어 이방 신을 섬기는 예배자들도 자기의 숭배 행위가 "진정한" 것인지를 예배받는 대상이 결정한다는 것을 이해한다. 따라서 모든 예배 표현과 행위는 예배받는 신의 특성에 맞게 맞춰야 한다.

유일하신 진리이시며 살아 계신 우리 하나님을 향한 예배는 이방 신을 위한 예배와 모든 면에서 다르지만, 위에 언급한 예배의 특성은 같다. 하나님은 예배받기 원하신다. 하나님은 예배자들을 찾으신다. 하나님이 받기 원하시는 예배의 모습과 하나님이 찾으시는 예배자가 어떤 사람들인지 아주 구체적이다. 감사하게도 주님은 이 구체적인 사항을 우리에게 모호하고 불분명하게 남기지 않으셨으며 오히려 성경이라는 위대한 책에 하나님이 어떤 분인지, 원하시는 것이 무엇인지, 어떤 예배가 주님을 기쁘게 하는지에 관한 계시를 가득 담아 우리에게 주셨다.

핵심은 하나님을 기쁘시게 하는 예배만이 참된 예배라는 것이다. 멋진 예배 음악처럼 들려도, "예배"라는 이름표가 붙어 있어도, 온라인 음악 사이트에서 "기독교 음악" 범주에 포함된 노래와 세상 모든 예배 인도자가 부르는 가장 유명한 노래라도 상관없다. 하나님이 기뻐하시지 않는 예배는 예배가 아니다.

하나님을 아는 지식

모든 예배는 하나님을 아는 지식에서 시작한다. 하나님을 예배하는 것과 하나님을 아는 지식은 서로 분리할 수 없다. 하나님을 아는 지식이 없으면 하나님을 예배하는 방법도 알 수 없으며 하나님이 우리에게 무엇을 요구하시는지, 어떻게 하나님의 마음을 기쁘시게 하는지도 알 수 없다. 하나님을 아는 지식이 우리에게 예배할 수 있는 통찰력을 준다. 하나님을 알지 못하는 예배자들은 어둠 속을 더듬는 것과 같다.

계시는 예배의 연료이며 예배에 활력을 불어넣는 지식을 준다. 하나님은 우리에게 분명한 예배의 계시를 주셨지만 사람은 빠르게 예배의 바른길에서 벗어나는 것을 보면 놀라곤 한다. 우리 예배는 우리가 미처 알아차리기도 전에 하나님을 감동하게 하는 것이 아닌 "우리를 감동하게 하는 것"으로 변질한다. 이스라엘은 진심으로 하나님이 많은 소와 양의 제사를 기뻐하시며, 우리 마음과 삶의 자세가 아닌 종교적 행위에 만족하신다고 믿었다. 그래서 하나님은 이스라엘의 열성적인 종교적 예배 행위를 향해 몇 번이나 외치셨다. *"내가 원하는 것은 이런 것이 아니다!"*

23 너희가 내 앞에서 부르는 찬양의 노랫소리도 집어치워라. 또 너희가 내 앞에서 하프를 연주한다고 해도, 나는 그 소리를 듣지 않겠다. 24 오직 너희는 공의를 물처럼 흘러넘치게 하고, 정의를 마르지 않는 강물처럼 항상 흐르게 하라. (아모스 5:23~24, 쉬운말)

신약 시대를 사는 우리는 구약의 이스라엘과 같은 죄를 짓지 않을 것이라고 믿고 싶지만, 여전히 우리는 이스라엘과 같은 죄를 짓는다. 하나님은 단 한 번도 좋은 종교 공연에 관심을 가지신 적이 없으며 앞으로도 그럴 것이다. 하나님은 유명한 보컬리스트 그룹이나 은사주의 예배 운동 음반 목록을 계속 늘려가는 사람들을 찾지 않으신다. 하나님은 천국에서 이 땅을 보시며 "와! 또 공연하는구나! 노래도 참 잘하고 몸도 흥겹게 잘 흔들고, 악기 연주도 잘하네? 쟤들이 저렇게 연주할 때마다 나는 정말 신난다!"라고 말씀하지 않으신다. 하나님은 한 번도 "멋진 예배"를 원한 적이 없으시다. 하나님이 찾으시는 것은 하나님을 참으로 아는 사람들, 하나님의 진리를 알고 진리를 따라 사는 사람들이다. 호세아 선지자는 주님의 말씀을 이렇게 기록한다.

내가 바라는 것은 변함없는 사랑이지, 제사가 아니다. 불살라 바치는 제사보다는 너희가 나 하나님을 알기를 더 바란다. (호세아 6:6, 새번역)

하나님을 아는 지식이 없으면 어떤 예배자도 자기 종교 활동과 희생 제사와 섬김이 정말 주님이 원하는 것이며 주님을 기쁘게 하는지 확신할 수 없다. 하나님을 아는 지식이 없는 사람들은 하나님을 놓치고 지식이 없어서 망한다. 호세아 선지자는 이 문제에 관한 주님의 말씀을 기록했다.

> 내 백성이 나를 알지 못하여 망한다. 네가 제사장이라고 하면서 내가 가르쳐 준 것을 버리니, 나도 너를 버려서 네가 다시는 나의 성직을 맡지 못하도록 하겠다. 네 하나님의 율법을 네가 마음에 두지 않으니, 나도 네 아들딸들을 마음에 두지 않겠다.
> (호세아 4:6, 새번역)

이것은 현대에 레위인으로 사는 모든 사람에게 주시는 경고의 말씀이다. 우리는 자신에게 질문해야 한다. "우리는 하나님을 아는가?" 하나님이 자신을 계시하신 성경 말씀을 연구하는데 얼마나 시간을 투자하는가? 아니면 단순히 다른 사람이 쓴 곡이나 책이나 소셜미디어 글만 보고 있는가? 만일 우리 작곡이 성경 연구의 결과라면 다른 사람의 계시를 내 것처럼 포장하는 시간을 줄이고 자기만의 계시를 받기 위해 더 많은 시간을 보내야 한다. 우리는 계속해서 하나님의 말씀을 깊이 연구하면서 하나님을 아는 지식이 더 깊어지도록 헌신해야 한다.

신학의 목적

최근 우리 시대의 가장 위대한 신학자 중 한 분인 제임스 패커 박사가 돌아가셨다. 나는 약 20년 전에 그분의 책을 처음 읽고 그 책의 한 글귀를 자주 인용하였다.

"신학의 존재 목적은 송영^{DOXOLOGY}과 헌신을 위한 것이다. 즉,
하나님을 찬양하고 경건함을 실천하는 것이다." [10]

예배 인도자들은 이것을 반드시 이해해야 한다. 신학의 존재 목적은 송영을 위한 것이다. 하나님을 연구하고 공부하는 유일한 목적은 내가 남들보다 지식이 많다고 우쭐대고 자랑하기 위한 것이 아니라 하나님을 예배하기 위한 것이다. 신학은 우리가 더 높은 차원의 예배로 나아가도록 돕는다.

내가 처음 이 사실을 발견했을 때, 마치 내 마음에 불이 붙는 것 같았다. 나는 예배자들이 가장 위대한 신학자라는 것을 깨닫고 감격했다. 우리는 지금까지 오로지 학자나 지식인만 하나님의 말씀을 깊이 연구한다고 생각했지만 모든 예술가와 음악가, 시인들도 하나님의 말씀을 깊이 연구해야 한다. 예배 인도자로서 우리 임무가 사람들을 예배로 인도하는 것이라면, 우리는 우리 시대의 가장 위대한 신학자가 되는 특권을 받은 것이다.

우리는 과거 예배 인도자들의 성경적 무지와 학문적 게으름을

---

10. 제임스 패커, 성경과 신학을 아는 지식 : 간결한 교리 요해 (Carol Stream, IL: Foundation for Reformation, Tyndale, 1993), xii.

뒤로하고 하나님의 말씀에 뛰어들어야 한다. 하나님을 아는 지식과 계시로 채워지지 않은 주님을 향한 사랑과 경의^{HONOR}는 힘이 없다. 하나님을 아는 지식이 적을수록 하나님을 예배하기 힘들다.

우리 안에 주님의 말씀을 채우면 채울수록 우리를 통해 말씀의 능력이 흘러나온다.

진리와 사랑

사랑은 본질적으로 대상에 완전히 마음을 빼앗기는 것이다. 사랑은 스스로 멈출 수 없으며 애정의 대상에 자연스럽게 매달리게 된다. 그래서 사랑에 빠진 사람이 사랑하는 사람을 더 깊이 알기 위한 노력은 힘들거나 지루하지 않으며 오히려 흥미 있게 사랑의 대상을 더욱 깊이 알고 싶어 한다

어떤 방식이든 우리는 직감으로 누군가의 마음에 깊은 영향을 끼치려면 상대를 깊이 알아야 한다는 것을 안다. 누군가와 연애를 해본 사람이라면 좋은 경험이든 아니든 이것이 얼마나 중요한지 알 것이다. 함께 맞이하는 첫 밸런타인데이나 생일에 사랑하는 사람이 무엇을 좋아할지 신중하고 세심하게 연구하여 선물을 준비한 사람은 큰 보상을 누린다. 어디서든 쉽게 구할 수 있는 선물(초콜릿이나 꽃)은 한두 번 정도 넘어갈 수 있지만, 상대를 알기 위해 충분히 연구하지 않으면 감동을 주기 힘들다.

이것이 내가 설명하려는 원리다. "당신이 관심을 가지고 연구하는 것은 항상 당신이 무엇을 사랑하는지 드러낸다."

또한, 이것이 우리가 예배 공동체와 단절되지 말아야 하는 이유이다. 잠언 19:2은 "지식 없는 소원은 선하지 못하고"라고 말한다. 우리 대부분은 이 말씀을 심각하게 생각하지 않는다. 많은 사람이 예수님을 향해 열렬한 상사병LOVE-SICK에 빠진 선포와 노래를 만들지만 실제로 예수님을 연구하고 공부하는 사람은 극소수다. 복음서 말씀에 흠뻑 빠지지 않고 이 땅에서의 예수님의 삶과 말씀을 더 깊이 알기 위해 헌신하지 않으면서 "예수님, 사랑해요!"라고 노래하는 것은 확신 없는 고백처럼 속이 텅 빈 것이다. 어쩌면 우리는 예수님이 누구신지 모르면서 예수님과 관련된 개념을 사랑하는 것일지도 모른다. 예수님이 누구신지 진리를 깊이 연구하고 공부하는 것이 예수님을 향한 진정한 사랑의 증거이다.

이 세대는 인류 역사상 가장 자의식이 강한 세대처럼 보인다. 책장의 책과 스마트폰, 태블릿 같은 스마트 장치에 온갖 종류의 성격 테스트 자료로 채워져 있다. 우리는 "자기 사랑"과 "자기 관리" 전문가가 되었고 친구, 가족, 먼 친척, 배우자, 반려동물, 이웃, 심지어 페이스북 친구에게 "함께 사랑하며 사는 것"의 복잡한 예술을 공짜로 가르쳐 주려고 한다. 또한 우리 주변에는 다섯 가지 사랑의 언어를 모르는 사람이 없으며 어떤 언어가 우리에게 가장 도움을 주는지 주변 사람들을 통해 기꺼이 알 수 있다.

하지만 우리는 자신을 사랑하는 법은 너무 많이 배웠지만, 주님을 사랑하는 법은 거의 배우지 못했다. 과연 우리 중에 하나님의 최고의 사랑의 언어가 무엇인지 알고 싶어 한 사람이 있을까? 우리 마음이 어떤지 알고 싶은 만큼 하나님의 깊은 마음을 알고 싶은가? 주님의 말씀을 다른 어떤 것보다 소중히 여기며 우선시하는 공동체에 크고 강력한 변화의 능력이 흐를 것이다!

우리는 이미 사람들이 "자기를 사랑하는" 시대에 살고 있다. "자기 사랑"이 우리 예배 영역에 점점 더 스며들고 있다. 그러므로 우리는 시대의 흐름에 휩쓸리지 말고 분명히 구별된 삶을 살아야 한다. 자기 자신에게 집착하는 삶을 내려놓고 주님을 알기 위해 끊임없는 배고픔과 목마름을 느끼는 사람이 되자. 하나님의 말씀의 지식과 계시로 충만한 사람이 되자. 시편 중에 가장 긴 119편을 읽으며 친구를 찾은 것처럼 기뻐하는 사람이 되자.

성경의 권위 위에 흔들림 없이 견고하게 서서 우리를 통해 성경의 권위가 흐르게 하자.

예배가 교회의 방향을 결정한다

벨린다 황은 "음악은 우리 사회에 문화적, 도덕적, 정서적인 영향을 끼치는 힘이 있다."라고 말했다. [11] 교회도 마찬가지이다.

11. 벨린다 황, Belinda Huang, "우리 음악이 사회에 미치는 진짜 영향력은 무엇인가?" Sonicbids accessed 12/1/2020 at https://blog.sonicbids.com/what-kind-of-impact-does-our-music-really-make-onsociety

냉정한 진실은 예배 곡이 교회 문화를 전달하며 영향을 끼친다는 것이다. 설교보다 찬양이 교회의 문화를 세우는데 더 큰 영향력을 끼친다. 그리 길지 않은 내 예배 인도 사역 기간에도 이런 현상을 다수의 예배 운동에서 목격했다. 벧엘^{BETHEL}, 힐송^{HILLSONG}, 엘리베이션^{ELEVATION}등의 예배가 세계 교회 문화에 얼마나 큰 영향을 끼쳤는지 확인하는 것은 어려운 일이 아니다. 예배는 언제나 선두주자의 역할을 감당했다.

그러나 이 진실은 우리에게 예배의 엄청난 책임과 무게를 알려준다. '예배 운동이 교회의 방향을 결정한다'는 말은 과언이 아니며 이 문제의 전체 진실은 아니지만 많은 진실을 담고 있다.

우리가 부르는 노래가 문화가 된다.

그 결과 현대 예배 운동이 우리 시대의 교회 문화를 재창조했다. 누군가는 이것을 긍정적으로 보고 누군가 부정적으로 본다. 나는 예배 곡의 효과가 그 곡이 나온 예배 문화와 그들이 전하는 진리의 깊이만큼 건강하다는 것을 발견했다. 그러나 내가 진심으로 주목하는 것은 예배 곡이 예배 공동체의 문화적 선두주자가 되는 것만큼 얼마나 비중 있게 진리의 선두주자 역할을 감당하는가이다.

우리가 부르는 노래가 우리 문화가 된다면, 우리가 부르는 노래는 반드시 진리여야 한다.

말씀으로 돌아가라

나는 예배 공동체와 다수의 교회가 진리와 바른 교리에 소홀하여 치명적이고 참혹한 결과를 불러왔다는 말이 과하지 않다고 생각한다. 진리를 소홀히 여긴 죄가 우리 영적인 면역 체계를 무너트려서 혼란을 주고 속이는 모든 바이러스에 취약하게 만들었다. 많은 교회와 기독교 운동이 점점 더 죄와 악을 정당화하고 치우친 결과 하나님의 분명한 명령을 완전히 왜곡하고 희석하며 가볍게 여기며 놀라울 정도로 죄에 너그럽고 아무 저항 없이 쉽게 악을 허용한다.

그리스도의 몸을 사로잡은 영적 아둔함을 깨뜨리고 우리를 다시 깨울 수 있는 유일한 무기는 "성령의 검 곧 하나님의 말씀(에베소서 6:17)"뿐이다. 성경 말씀은 "살아 있고 활력이 있어 좌우에 날 선 어떤 검보다도 예리하여 혼과 영과 및 관절과 골수를 찔러 쪼개기까지 하며 또 마음의 생각과 뜻을 판단하나니(히브리서 4:12)"라고 말한다.

우리는 우리가 성경을 판단하는 것이 아니라 성경이 우리를 판단한다는 것을 기억해야 한다. 우리가 성경을 읽는 것이 아니라 성경이 우리를 읽는다. 다시 말하면, 성경이 우리 마음의 생각과 태도를 우리에게 드러낸다.

나는 소셜미디어에 올라오는 개인 의견에 큰 권한을 주고 한없이 칭송하는 현대 문화가 마치 우리 의견이 하나님의 말씀을 반대할 수 있을 만큼 무게가 있다고 착각하도록 우리를 속인다고 생각한다. 우리는 소비자 중심의 민주주의 사회에 살면서 하나님 나라는 민주주의^{DEMOCRACY}가 아닌 신정주의^{THEOCRACY}라는 사실을 망각하는 듯하다. 하나님 나라는 오직 주님의 말씀이 우뚝 선 정부이다. 우리는 정신을 차리고 다시 진리로 돌아와야 한다. 하나님의 말씀 앞에 온라인의 수많은 말과 분노의 외침, 특정 의견의 찬성과 반대는 어떤 의미도 영향력도 없다. 우리 목소리가 하나님께 중요하지 않다는 말이 아니다. 단지 우리는 하나님의 음성에 대항하며 반대하는 것이 완전히 어리석은 일임을 기억해야 한다.

우리는 말씀을 무시하거나 나에게 맞추거나 바꾸는 식으로 끊임없이 하나님의 말씀에서 우리 마음을 멀리 떨어트릴 새로운 방법을 찾는다. 우리는 성경에서 언약의 말씀은 색깔 펜으로 줄 치고 선포하며 외우지만, 심판과 경고의 말씀에서 오는 영혼을 관통하는 고통은 의지적으로 무시하고 피한다. 역사를 돌아보자. 우리가 진리의 한 면만 지나치게 강조하면서 또 다른 면을 소홀히 할 때 거의 언제나 이단적인 가르침에 빠졌다. 원수의 전략은 항상 우리가 절반의 진리를 따르게 만드는 것이다. 이제 우리는 눈을 크게 뜨고 원수가 어떻게 반쪽짜리 진리로 이 땅의 모든 부도덕한 계획을 은폐했는지 알아야 한다. 원수는 항상 하나님의 "사랑"과 "선하심"을 진리와 거룩에서 분리하려고 한다.

비록 우리가 하나님의 말씀에 소홀한 결과 여기까지 왔지만, 우리가 다시 하나님의 말씀으로 돌아갈 때 모든 것을 바로잡을 힘을 얻을 수 있다. 교회와 예배 공동체는 반드시 온 마음을 다해 하나님의 말씀으로 돌아가야 한다. "돌아간다"는 의미는 말씀의 권위에 새롭게 복종하고 순종하는 것을 의미한다.

바울은 디모데전서 3:15에서 교회를 "진리의 기둥과 터"라고 말한다. 기둥과 터는 많은 고대 성당과 건물이 현재까지 남아 있도록 지탱해주는 건축의 필수 기반이다. 진리의 선포는 교회의 부수적인 임무가 아니라 가장 중요한 임무라는 새로운 계시가 필요하다. 참된 사랑은 절대 진리와 나눌 수 없으며 모든 방법으로 진리를 선포해야 한다.

교회가 거짓과 미혹의 공격에 맞서 진리를 단단히 붙들고 지원하는 역할을 거부하면 결국 무너질 것이다. 우리는 진리를 부정하는 세상을 원하지 않지만 그런 세상이 우리 눈 앞에 펼쳐지려고 한다. 우리는 하나님의 말씀으로 돌아가서 말씀을 굳게 붙들고 부끄러움 없이 담대히 선포해야 한다!

"진리 안에서"

누군가 내 인생을 가장 극적으로 바꾼 한 가지가 무엇이냐고 질문한다면 주저 없이 "성경 읽기"라고 대답할 것이다. 하나님의 말씀을 읽는 것이 인생의 어떤 만남이나 체험보다 더 내 삶을 문자 그대로 변화시켰다. 나는 지금도 하나님의 말씀을 읽을수록 주님과 더 깊은 사랑에 빠진다. 우리가 살아 있는 주님의 말씀이 우리 안에 역사하도록 허락한다면 주님의 말씀이 우리 삶 전체를 뜨겁게 만들 것이다.

만일 우리가 진리를 아는 지식을 깊게 하면서 생각뿐만 아니라 온 마음과 뜻을 다해 주님을 예배하면 훨씬 더 큰 권능과 권위가 우리 예배에 임할 것이다. 우리 생각과 마음에서 예상하지 못한 찬양이 즉시, 매우 쉽게 흘러넘치는 것을 깨달을 수 있다. 즉흥적이고 깊은 영적인 순간을 만들기 위해 "깊이 파고들" 필요가 없을 뿐 아니라 뻔한 후렴구를 두세 번 반복해서 부를 필요도 없다. 우물이 깊어지면 자연스럽게 영적인 우물물이 넘치기 시작할 것이다.

이제 여러분이 실천할 수 있는 세 가지 간단한 원칙으로 이번 장을 마무리하겠다.

첫째, 진리를 연구하라.

성경에 푹 빠져들어라. 여러분의 생각을 말씀 안에 있는 하나님을 아는 지식으로 채워라. 성경에 주님의 마음과 방법, 성품과 본성, 영광을 드러내는 모든 구절에 주목하라. 성경에서 하나님이 어떤 분인지 배워라. 무엇이 하나님의 마음을 기쁘게 하며 무엇이 하나님의 마음을 움직이는지 배워라. 우리가 하나님을 어떻게 사랑하기 원하시는지 배워라. 하나님을 더 깊이 알아라!

둘째, 진리를 노래하라.

말씀 연구에서 깨달은 하나님을 아는 지식과 하나님의 마음과 하나님의 길(방식)과 주님의 계시로 주님을 노래하라. 여러분의 개인 예배 시간을 진리의 말씀으로 가득 채워라. 삶에서 성경을 노래하는 것을 훈련하라. 여러분이 인도하는 예배 곡을 진리의 말씀이 담긴 곡으로 채우라. 말씀에 나타난 하나님을 아는 지식과 계시로 가득 찬 예배 곡을 작곡하라.

마지막으로, 진리를 따라 살아라.

진리 안에서 하나님을 예배하는 것은 단순히 말씀을 연구하는 것만 의미하지 않으며 하나님이 우리 마음에 계시하신 말씀의 실천을 의미한다. 진리의 온전한 무게는 오직 우리가 삶에서 실천할 때 발견할 수 있다. 우리는 다른 사람의 계시나 정보를 전달하도록 부르심 받은 것이 아니라 직접 하나님의 말씀을 맛보고 경험하여 진리임을 깨달아 알도록 부르심 받았다.

THE RESET

8장 새 포도주 부대

CHAPTER 8 A NEW WINE SKIN

나는 우리가 예배에서 보기 원하는 더 큰 것, 즉 기름 부음과 임재와 성령님의 권능과 훨씬 더 무게감 있는 새로운 창의적 작품들이 새 포도주 부대를 기다린다고 믿는다. 우리가 만든 옛 포도주 부대는 지난 시기의 목적을 위해 사용한 것이므로 우리를 미래로 인도할 수 없다. 옛 부대는 새 포도주를 망친다. 우리에게는 다른 어떤 유익보다 하나님의 임재를 소중히 여기고 우리가 받을 영광보다 주님의 영광을 귀하게 여기며 무엇보다 주님을 향한 순종을 소중히 여기는 새 포도주 부대가 필요하다.

예배 곡과 예배 프로젝트의 최종 목표가 "예배하는 것"이라면 모든 준비 과정이 예배로 시작해서 예배로 채워지며 예배로 지속해야 한다. 왜 우리는 전체 준비 과정을 영적으로 진행하지 않으면서 최종 결과는 성령님의 기름 부음이 있기를 기대하는가?

하비 파이어스톤은 이렇게 말했다. "성공은 세부사항의 최종 결과물이다." 즉, 세부사항이 모여 최종 결과를 완성하기 때문에 그만큼 세부사항이 중요하다는 것이다. 영어권 문화에 "악마는 디테일(Details : 세부사항, 섬세함)에 있다"라는 속담이 있다. 악마가 '디테일-세부사항'에 있는 이유는 우리가 세부사항에 하나님을 왕으로 모시지 않았기 때문이다.

우리는 하나님이 최종 결과만큼 세부사항과 과정을 중요하게 여기신다는 것을 잊었기 때문에 자기도 모르게 사탄이 세부사항에서 우리를 방해할 수 있는 발판을 제공했다. 참된 예배 정신을 담은 노래와 음반을 발매하는 모든 세부사항이 그만큼 중요하다는 새로운 인식이 필요하다. 모든 관계와 배급사와의 계약, 작곡자의 저작권료 분배, 마음과 태도와 동기MOTIVE, 연주자들과 엔지니어들의 순수한 마음, 제작에 관련된 사람들이 서로 존중하는 것과 음반 판매 전략과 관대한 마음과 무엇보다 사랑이 가장 중요하다.

나는 지난 20년간 현대 예배 산업의 다양한 부분에 참여하고 교류하면서 예배 산업이 많은 기름 부음 있는 예배 인도자와 예배 운동을 천천히 획일화하면서 영적인 열매를 맺지 못하게 만드는 것을 보았다. 현대 예배 산업은 창의성보다 획일성을 요구하며 사람보다 구조와 공식을 더 중요시한다. 이제 우리는 사고방식을 완전히 바꿔야 한다. 우리는 새로운 예배 음악을 창작하며 제작하고 배급할 새 포도주 부대가 필요하다.

내가 말하는 포도주 부대는 현대 음악 산업과 사업 구조를 의미하며 포도주는 사람과 사람이 만드는 음악을 의미한다. 오늘날 우리에게 필요한 것은 진실하고 재능 있는 와인 메이커 ^{WINEMAKERS}-포도주 제조가들이다. 참된 포도주 제조가들의 열정은 포도주 부대(구조)에 있지 않으며 언제나 포도주(사람)에 있다. 이들은 포도주 부대 자체를 섬기는 사업이 아니라 최고의 맛과 품질을 가진 포도주를 만드는 사업을 하며 자신이 만든 포도주와 다른 포도주를 구별하는 독특한 품질을 기뻐할 뿐 아니라 품질을 더 개선하고 숙성하기 위해 부지런히 노력한다.

"기독교" 음악 산업이라는 신화

우리에게 어떤 새 포도주 부대가 필요한지 나누기 전에 먼저 기독교 음악 산업이라는 낡고 오래된 가죽 부대를 간단히 살펴보자. 옛 가죽 부대가 기독교 음악가와 밴드들에게 여전히 쓸모 있겠지만 나는 이 옛 가죽 부대라는 음악 산업에 깊은 회개와 개혁의 역사가 없으면 하나님이 부어 주실 새로운 예배의 소리를 담고 전달하는데 적합하지 않다고 믿는다. 이것은 내가 개인적으로 관찰한 것이며 다음 네 가지 요점에 속하지 않는 예외 상황도 분명히 있을 것이라고 생각한다.

현대 "기독교" 음악 산업이 새로운 예배 운동에 적합하지 않은 포도주 부대인 네 가지 이유는 다음과 같다.

1. 하나님 나라의 윤리 규범과 실천의 부족

어떤 이유에서인지 기독교 음악 산업은 새길을 개척하는 대신 세속 음악 산업의 어그러진 모습을 그대로 따랐다. 우리는 우리만의 사업 모델을 만들지 않고 세상 것을 그대로 적용했다. 우리는 로마서 12:2의 분명한 명령을 무시했다. "너희는 *이 세대를 본받지 말고*" 성경을 보면 하나님은 우리가 기독교인으로서 사업의 세부적인 행정 절차와 계약에 이르는 과정을 어떤 방식으로 진행하는지 관심이 있으시다는 것을 분명히 알 수 있다.

하나님이 사업에도 이렇게 관심이 있으시다면 인류를 향한 유일한 소망의 메시지와 하나님의 영광을 담는 음악적 표현에는 더 큰 관심이 있으실 것이다. 하나님은 우리가 음악을 만드는 방식이나 배포하는 과정과 다른 '하나님 나라 원칙과 방식'을 가지고 계신다. 지난 2000년간 우리는 기독교인으로서 세상 문화가 하나님 나라의 문화를 어떻게 반대하는지 배웠지만, 여전히 우리는 성경에서 배운 가르침을 무시하고 의도적으로 세상 기준을 선택한다. 거룩함의 결핍은 새 포도주를 상하게 한다.

2. 세속적 지도력

대부분의 기독교인이 현재 가장 큰 기독교 음반사가 더 큰 세속 음반사의 자회사라는 사실을 모른다. 유명한 기독교 음반사를 더 큰 미디어 대기업들이 소유하고 있다. 기독교 음악 산업과 세속 음악 산업의 "동업자 관계"가 미묘하게 기독교 음반사를 지배하는 법률과 관습과 "정신"에 영향을 끼치고 있다. 어쩌다 세속 음악 산업이 기독교 음악 산업에 관여하게 되었을까? 두 가지 간단하고 분명한 이유가 있다. 첫째, 기독교 음악에서 수익이 나기 시작했다. 둘째, 기독교 음반사들이 기꺼이 세속 음악 산업과 동업하기로 선택했다. 이런 동업자 관계가 사업과 성장에는 좋겠지만 거룩하게 구별될 것을 기대하기는 어렵다. 친구들이여, 내 말이 순수주의자[PURIST 12]의 지나친 의견처럼 들리는가? 맞다! 나는 순수주의자다! 나는 내 의견 때문에 사과하지 않을 것이다. 이 문제는 매우 간단하다. 무화과나무가 포도 열매를 맺지 않으며 나쁜 나무는 좋은 열매를 맺지 않는다. 서로 맞지 않는 연합은 새 포도주의 사명을 방해한다.

3. 증인의 삶을 살지 못함

나는 모든 그리스도인과 기독교 사업의 최우선 의무와 기쁨이 예수님을 증거하는 증인으로 살면서 우리가 하는 모든 창의적인 일로 예수님께 영광 돌리는 것임을 성경이 폭넓고 분명하게 알려준다고 믿는다. 하지만 나는 기독교 음악 산업에 참된 증인이 심각하게 부족한 것을 보면서 우리가 최우선 목적을 놓치고

---

12. 순수주의자 : 어떤 주제에서 매우 전통적인 규칙이나 사상을 믿고 따르는 사람을 말한다.

있다는 것을 강하게 느낀다. 내가 보기에 스스로 "기독교"라고 부르는 음악 산업 대부분이 전혀 "기독교"답지 않다. 어떤 것을 기독교라고 부르려면 반드시 예수님의 모범을 따라야 하지만 현재 모습은 마치 기독교라는 단어를 빼고 그저 또 하나의 "음악 산업"이라고 불러야 할 지경이다. 참된 기독교 음악 산업을 세우려면 주님의 마음과 주님의 방식을 따라야 한다. 정체성과 목적을 잃어버린 채 방황하면 새 포도주의 강렬한 맛을 잃어버린다.

4. 교회와 연합하지 않음

"기독교" 음악 산업의 많은 부분이 완전히 "불량"이라는 사실을 인식하는 것이 중요하다. "불량"이라는 말은 많은 기독교 음악 산업이 교회 공동체에 소속하지 않거나 교류 없이 독자적으로 행동한다는 의미이다. 교회 운동과 연결된 잘 알려진 몇 개의 예배 음반사를 제외하면 기독교 음악 산업 대부분이 자기 행위나 거래에 책임을 지지 않는다. 나는 명백히 말한다. 다양한 방식으로 세상에 기독교를 표현할 수 있지만, 교회 지도력과 윤리와 권위에서 벗어나는 그 자체가 문제다. 기독교인으로 사는 것은 그리스도의 몸과 성경의 권위에 자신을 맡기고 책임지는 삶을 의미한다. 이런 책임감 부족은 기독교 음악 산업이 여러 영적 질병과 부패에 취약하게 만들고 결국 새 포도주를 망치게 된다.

많은 사람이 이 내용에 이렇게 반응할 것이다. "하지만 기독교 음악 산업이 이룬 열매와 변화된 사람들을 보세요!" 나는 그들의 놀라운 간증이나 열매를 무시하지 않는다. 기독교 음악 산업의 증언은 진실하며 나도 그들의 수고에 감사한다. 하나님이 이렇게 세속적이고 망가진 산업과 사람들을 통해 창의적으로 역사하시는 것이 얼마나 놀라운지, 때때로 하나님은 우리가 이해할 수 없는 방법으로 일하신다! 나는 이 현실이 정말 마음이 아프지만 나 역시 하나님이 사용하시는 부서진 창의적인 사람 중 한 명이다. 주님이 우리를 통해 이루시는 역사는 참으로 놀라운 은혜이다. 하지만 우리는 하나님의 은혜와 승인을 자주 혼동한다. 하나님이 연약한 시스템과 사람을 통해 계속 일하시는 것은 은혜가 맞지만, 하나님이 우리 연약함을 승인하셨다는 증거가 아니다.

안타깝지만 현재 "기독교" 음악 산업은 의미 있는 방식으로 변화할 기미가 보이지 않는다. 나는 놀라운 개혁의 불꽃이 일어나 큰 변화를 일으키는 것을 상상하지만 역사는 이것이 거의 불가능하다고 말한다. 현재의 기독교 음악 산업이 어느 정도 수준에서 효과가 있기 때문에 누군가 계속 이 산업을 운영하고 유지할 것이다. 그리고 이런 음악 산업에도 진심 어린 마음으로 일하면서 참된 열매를 맺는 사람들도 항상 있을 것이다.

그러나 끊임없는 소망이 나를 계속 사로잡는다.

만일 하나님의 권능이 현재의 망가진 시스템과 사람을 통해 하나님의 목적을 조금씩 이루어 간다면, 거룩한 시스템과 온 마음으로 하나님께 헌신하며 순종하는 거룩하고 신실한 사람들을 통해서는 얼마나 더 크고 놀라운 하나님의 권능과 목적을 이룰 수 있을지 상상해 보라! 나는 이것을 보고 싶다.

새 포도원

우리 삶의 임무는 기존의 망가진 구조에서 겨우 살아남는 것이 아니라 견고한 성경적 기초 위에 새 구조를 세우는 것이다. 우리는 지도자들에게 새 구조를 세우는 것이 왜 중요한지 알려야 한다. 이미 우리는 많은 새 포도주를 옛 부대에 부어 낭비해 버렸다. 지금이라도 새 포도주를 지키려면 새 포도주 부대를 만들어야 한다. 나는 솔직히 옛 포도주 부대를 허물려는 것이 아니라 새 포도주 부대를 만들 영감을 주려는 것이다. 나는 진실하며 의로운 포도주 제조가들이 일어나 담대히 새 포도나무를 심고 포도원을 가꾸도록 영감을 주고 싶은 마음으로 불타오른다.

나는 새 포도주 부대가 새 포도원에서 나올 것이라고 믿는다. 앞으로 일어날 많은 포도원은 작은 규모이며 자체적이고 가족 중심일 것이다. 새 포도원들은 품질 좋은 포도주가 수확에서 시작하는 것이 아니라 토양을 가꾸고 뿌리를 건강하게 돌보는 것으로 시작한다는 점을 이해하고 토양과 포도나무와 열매에 더욱더 전인격적이고 목양적으로 접근할 것이다.

대부분 산업에서 큰 것은 더 좋고 비싸다는 의미이지만 포도주 산업에서 더 큰 것은 대부분 평범하고 저렴한 맛을 의미한다. 앞으로 일어날 새 포도원이 외향적으로는 작고 보잘것없을지 모르지만 그렇다고 값싼 포도주를 생산한다는 의미는 아니며 오히려 이들이 생산하는 포도주는 값을 매길 수 없을 정도로 값질 것이다.

지금 주님이 내게 맡기신 여정은 새 포도원을 세우기 위해 노력하는 것이다. 이미 우리가 잘 아는 것처럼 마음에 오랫동안 품은 꿈을 이루기 위한 노력은 우리가 겪을 수 있는 가장 겸손하고 힘든 과정이다. 나도 이 과정에서 우리가 얻는 보상은 믿음과 주님의 의(義)에 만족하는 것 자체임을 많이 배웠다. 대부분 초기 작업은 마음 밭을 가꾸는 일이었기에 나는 내 노력을 더 많이 알리고 싶었다. 이 과정에서 몇 개의 뿌리가 깊어졌고 몇 개의 포도나무 덩굴이 자랐다. 나는 새 포도주가 가까이 온 것을 느낀다.

포도원(예술적 창작 기업 혹은 공동체)을 세우는 것은 마치 야생 농장 모험과 비슷하다. 사실 모험은 대부분 도전 혹은 어려움과 같은 의미이지만 의로운 것을 추구하는 보상을 생각하면 어떤 어려움도 기쁨으로 극복할 가치가 있다. 하나님의 방식대로 의롭게 일하는 가장 좋은 방법은 결과를 온전히 내려놓고 오직 강하고 능하신 아버지 손에 맡기는 것이다. 결과의 부담은 우리 것이 아니다. 하나님께 온전히 바친 것을 계속 우리 어깨 위에 짊어지지 않아도 된다.

새 포도주

사람들은 필요가 발명의 어머니라고 말한다. 나는 필요가 우리를 필사적으로 굶주리게 만든다고 생각한다. 우리는 절박함과 배고픔과 갈증이라는 단어를 시적이고 낭만적이라고 생각하지만 실제로는 결핍과 박탈의 결과로서 전혀 즐거운 경험이 아니다. 우리가 새 포도원이 필요한 것을 깨달을 때, 새 포도주가 없다는 사실에 우리 마음이 찢어질 때, 간절함으로 이 땅에 예수님을 향한 순수한 예배의 향기가 올라갈 때, 새 포도원이 나타날 것이다. 우리 안에 신부의 사랑을 진실하고 새롭게 표현하려는 굶주림과 갈급함이 있을 때 비로소 우리는 움직이기 시작한다.

지금까지 예배에서 맛보고 경험한 그 이상을 경험하고 싶은가? 하나님의 영광스러운 임재의 순간을 경험하고 다른 사람들도 내가 겪은 것을 경험하기를 간절히 바란 적이 있는가? 기적과 표적과 권능과 영혼 구원을 향한 거룩한 배고픔과 갈증이 있는가? 더 크고 놀라운 하나님의 역사를 보기 원하는가? 우리가 지금까지 경험한 것은 시작에 불과하다!

나는 충만한 하나님의 영광이 참석한 모든 사람을 변화시키는 예배 분위기를 꿈꾼다. 나는 하나님 앞에 차갑고 죽은 마음으로 힘겹게 예배에 나온 사람들이 완전히 살아나는 모습을 보기 원한다. 나는 삶의 무게에 짓눌린 사람들이 완전히 해방되며, 잠자는 영혼이 일어나 하나님의 부르심과 목적을 깨닫고, 우울과 절망에 억눌린 사람들이 큰 기쁨과 즐거움으로 기뻐 뛰며, 다양한 중독과 질병에 묶인 사람들이 속박을 끊고 자유를 얻고, 육신의 통증과 괴로움으로 나온 사람들이 완전한 치유와 회복을 얻은 모습을 꿈꾼다!

나는 잃어버린 영혼들이 듣고 스스로 "예수님이 주님이시다!"라고 외치는 믿음 충만한 예배가 이 땅에 울려 퍼지기를 온 마음으로 갈망한다. 나는 우리가 예배하는 공간에 있는 모든 사람이 하나님의 임재를 부인할 수 없을 정도로 하나님의 영광과 권능이 만질 수 있겠다는 생각이 들 만큼 두텁고 강력하게 임하는 것을 보고 싶다. 성경에 나오는 것처럼 기름 부음 받은 사람의 옷 조각으로 병자를 치유했다면 기름 부음 받은 곡을 연주하는 예배마다 축사와 치유와 구원의 역사가 강력하게 나타날 수 있다!

나는 이런 순간을 경험했기 때문에 더 목마르며 더 마음이 불타오른다. 이런 예배 경험이 나를 완전히 변화시켰다! 내가 오늘여기에 있는 것은 주님의 임재와 영광을 경험했기 때문이다. 나는 우울과 낙심으로 완전히 짓눌려 영적으로 죽은 것 같았지만주님의 영광 안에서 깨어났다! 내가 하나님의 능력을 아주 조금맛본 후 아직 경험하지 못한 영역이 훨씬 더 크다는 것을 "알고"내 목마름이 더 깊어졌다. 지금 우리는 마치 예배 운동의 정점에도달한 것처럼 행동하지만 오히려 우리의 예배는 하나님의 능력을 상실한 공연의 모습으로 슬그머니 후퇴하고 있다.

우리는 아직 하나님의 전폭적인 은총과 함께하심^{HABITATION}의 축복에 합당한 그릇을 만들지 못했다. 오직 하나님의 영광을 위해 전적으로 거룩하게 구별한 그릇을 만들지 못했기 때문에 아직 많은 것이 풀어지지 못한 채 묶여 있다.

이번 장의 결론

예배 음악의 목적은 경쟁력 있는 음향을 만드는 것이 아니라 듣는 이로 하여금 경이롭고, 황홀하며, 매혹적이고 아름다운 예수님의 임재로 강력하게 채워지게 만드는 것이다. 우리는 결코 세상 음악을 따라 하는 방법으로 세상을 이끌지 못한다. 우리 일은 세상 예술가와 음악가들과 경쟁하는 것이 아니라 세상이 천국을 맛보도록 돕는 것이다.

지금 세상과 교회는 어느 때보다 새 포도주가 부족하여 신음하고 있으며 천국의 분위기^{ATMOSPHERE}와 영광을 맛보기를 갈망하고 있다. 하지만 새 포도주는 새 부대가 필요하다. 옛 모범과 관습을 과감히 무너트리고 새로운 네트워크와 창의적 예배자들의 공동체와 거룩한 연합을 세우는 용감한 지도자들이 일어나야 한다. 우리는 예배 인도자와 공동체와 예배 음악과 프로젝트에 담긴 기름 부음을 지키는 목양의 열정과 지혜를 지닌 포도주 제조가들이 필요하다. 이 포도주 제조가들은 교회와 예배 인도자를 위한 하나님의 특별한 기름 부음과 계획을 분별하고 이 두 가지를 온전히 반영하여 최상의 포도주를 내놓을 때까지 섣부르게 공개하지 않으며 참고 기다리며 준비할 줄 아는 사람들이다. 또한 이 포도주 제조가들은 한 사람의 삶에 보이는 예배자의 부르심과 숙명을 분별하며, 부르심을 받은 줄도 모르는 사람들을 분별하여 하나님의 부르심으로 나아가도록 예언적으로 불러내는 지도자들이다.

우리가 하나님의 은혜와 권능의 도우심으로 이런 새 포도원과 새 부대를 담대하게 탄생시키고 주님이 주시는 천국의 새 포도주를 받아 보존하며 이 땅에 흘려보내는 지혜를 얻기를 간절히 기도한다.

THE RESET

9장 예배에서 개혁할 요소들

CHAPTER 9 REFORMATION ITEMS

현대 예배 운동은 누가 만든 지침서로 시작한 것이 아니다. 내가 어렸을 때 오늘날 우리가 당연시하는 많은 것이 희귀한 것이었다. 예를 들어 예배 음악 저작권료, 공공인터넷, 소셜미디어, 스마트폰은 존재하지도 않았으므로 기독교인과 교회와 영적 지도자들에게 '어떻게 하면 소셜미디어 플랫폼을 지혜롭게 사용할 수 있을 것인가'와 같은 질문에 해답을 제시할 자원과 노련한 지침도 없었다. 사실 지금도 이런 좋은 자료를 찾아보기가 쉽지 않다.

우리가 과거에 한 모든 것이 실험적이었다. 왜냐하면 모든 것이 새로웠기 때문이다. 당시에는 누구도 현재의 영역을 경험한 사람이 없었다. 그러다 보니 우리는 미디어를 통제하지 않고 미친 듯이 날뛰도록 내버려 두었고 이제는 순식간에 미디어가 우리를 움직이기 시작했다.

과거의 우리는 미디어가 미칠 부정적 영향력을 알 수 없었지만 이제 우리는 미디어의 부정적 영향력을 잘 안다. 아니, 잘 알아야만 한다. 순진한 무지의 시대는 끝났다. 우리가 나아가는 과정을 바로 잡지 않으면 예배에 날개를 달아 세계로 뻗어 가도록 도와준 미디어가 오히려 예배 운동의 사명과 목적을 훼손하고 왜곡할 것이다. 우리는 경계선을 다시 긋고 리셋해야 한다.

우리가 "예배의 마음"을 나눌 때 막상 오늘날 예배의 본질에 영향을 미치는 많은 것을 다루지 않는다. 하지만 나는 우리가 잘 다루지 않는 요소를 반드시 해결해야 한다고 생각한다. 우리는 레위인과 예배 인도자로서 직면하는 미디어와 예배 음악 산업이라는 외부의 도전에 매우 구체적이고 현실적으로 다가가야 한다. 나는 현대의 발전한 미디어와 기술을 버리고 암흑시대로 돌아가자고 주장하는 것이 아니라 오늘날 우리가 당연시 하는 것을 우리 사명과 예배의 진정한 목적의 빛 아래서 다시 살펴보자고 제안하는 것이다.

이번 장의 목표는 우리가 이 시대에 누리는 모든 것을 내려놓는 것이 아니라 다시 짚어보고 대화와 토론을 시작하는 것이다. 결론적으로, 우리가 원하는 것은 예배 문화를 만드는 것이다. 그렇지 않은가? 그렇다면 우리는 멀리 있는 다른 사람이 아닌 우리 자신부터 점검해야 한다. 우리가 인도하는 예배에 참여하는 회중이 천국과 연결되는가 아니면 예배 인도자나 연주자, 화려한 무대에 더 집중하는가? 이 질문의 답이 "천국"이 아니라면 우리는 잘못된 것을 고치고 바꾸기 위해 노력해야 한다.

우리 아버지의 일

아버지 하나님이 찾으시는 구체적인 모습의 예배자가 있다면, 우리는 예배 공동체로서 하는 모든 일을 주님이 찾으시는 것에 초점을 맞추고 일치하게 해야 한다. 예배 인도자, 예배팀, 예배 운동에 몸담은 모든 공동체는 어떤 것을 결정하기 전에 먼저 스스로 이렇게 질문해야 한다.

"우리가 지금 하려는 _____이 아버지 하나님이 찾으시는 예배자를 살리고 성장시키며 무장하는 것을 돕는가?" 무대 제작, 조명, 온라인 중계, 소셜미디어, 사진 촬영, 비디오 영상, 순회 예배WORSHIP TOURS, 행사, 컨퍼런스, 각종 상품, 책과 음반 판매 등 예배에 관한 것이라면 하나도 빠짐없이 반드시 위의 질문으로 걸러낸 후 실천해야 한다.

우리 자신에게 끊임없이 질문하자. 우리는 진심으로 참된 예배자와 성령 충만한 예배자를 깨우고 성장시키며 무장시키려고 하는 것인가 아니면 기발한 발상으로 만든 영적인 깃발이라는 이름 아래 우리 사역을 유명하게 만들려고 하는가?

가장 중요한 다음 단계는 우리 자신에게 솔직해지는 것이다.

이제 내 개인적인 예배 개혁 항목을 설명해 보겠다. 내가 다음 요소를 언급하는 이유는 다음과 같다.

A. 나는 다음 요소에 기도의 집이라는 교회 사명을 향한 집중력이 부족하고 적절하게 일치하지 못한다고 느낀다.

B. 나는 다음 요소가 경계선을 완전히 벗어났다고 생각한다.

좋다. 이제 시작해 보자.

예배 기획과 강단, 무대 연출

나는 예배 공동체가 예배 음반을 기획하고 제작할 때 확실하고 견고한 목표를 설정하는 것이 필수라고 믿는다. 내가 볼 때 교회가 채택하는 대부분은 수준 높은 가치에서 오는 것이 아니라 훌륭한 시설과 무대 연출로 기독교 출판물에 소개되어 부러움의 대상이 된 크고 유명한 글로벌 교회를 흉내 내는 수준에 그친다.

나는 왜 우리가 이런 것에 영향을 받는지 이해한다. 아무도 자기 교회가 다른 교회보다 뒤처지기를 바라지 않기 때문이다. 하지만 나는 다시 한번 강조한다. 우리가 기독교 하위 문화에서 유행하는 모든 것을 성경과 우리에게 주어진 사명을 기준으로 신중하게 평가하지 않고 맹목적으로 선택하고 따르면 많은 문제에 빠지게 될 것이다.

최근 몇 년간 교회가 선택한 거의 모든 형태의 무대 연출과 기획이 이미 지난 수십 년간 세상의 주류 공연에 자리 잡은 것이다. 사실상 무엇이 지금 교회를 이끌고 있는지 분명하다. 세상 음악과 교회의 가장 큰 차이점은 세상 음악이 오락과 여흥ENTERTAINMENT을 위해 존재하지만, 교회는 그렇지 않다는 것이다. 세상의 사업 목표는 교회의 목표가 아니다. 우리는 기도의 집이다. 교회와 세상 사이의 구분이 흐려지면 안 된다. 세상의 무대 연출과 공연 기획은 관중의 참여를 높이고 관중에게 즐거움을 주는 데 목표가 있다. 바로 여기에서 교회와 세상의 목적과 사명의 차이가 드러난다.

우리 예배 목표는 강단이나 무대 위에서 일어나는 일로 회중의 마음을 빼앗는 것이 아니라 같은 공간에서 예배하는 사람들이 하나로 연합해서 하나님을 예배하게 하는 것이다. 솔직히 우리는 하나님을 만나려는 사람들 앞에 불필요한 장애물과 방해물을 너무 많이 만들었으며 그 결과 우리 예배 기획과 무대 연출은 회중 연합과 하나님을 향한 수직적인 예배 흐름을 전혀 돕지 못하며 오히려 회중이 사람에 넋을 잃고 수평적 흐름에 머물게 한다.

천국은 눈부실 정도로 황홀하고 매력적이다. 하지만 지금 천국과 땅 사이의 한 가지 큰 차이는 바로 강단과 무대 위에 서 있는 존재이다. 우리가 강단과 무대 위에 서는 이상, 사람들이 우리에게 집중하게 만들면 안 된다. 천국은 예수님 외에 관심을 끌 존재가 없어서 우상숭배를 할 수 없지만, 이 땅에서는 그렇지 않다.

나는 예배에서 예술과 영상으로 아름다움을 표현하는데 관심이 회복된 것이 좋다. 우리는 시각적 요소를 예배의 한 부분으로 인정하기 시작했으며 나도 이것을 인정하고 전부 부정하지는 않는다. 하지만 우리 창의력은 단순히 "멋진 아이디어"가 아니라 성령님의 인도를 받아야 한다. 나는 실제로 성령님이 인도하시는 무대 연출을 경험한 적이 있는데 정말 놀라울 정도로 아름다우면서 하나님을 향한 회중의 수직적 예배를 산만하게 하거나 방해하지 않고 오히려 견고히 하나님께 나아가도록 도왔다. 하지만 내가 기도의 집에서 본 대부분의 무대 연출은 성령님의 인도하심보다 육적인 요소가 훨씬 더 많았다.

교회와 미디어 사역

나는 얼마 전에 예배팀과 함께 저녁 예배를 인도하기 위해 한 행사에 참석했다. 우리는 예배를 시작하기 전에 함께 모여 작은 기도회를 시작했는데 갑자기 카메라맨이 우리 기도 모임 한가운데 미니 붐 카메라를 내려서 천천히 원을 그리며 촬영하기 시작했다. 카메라맨은 자기 행동이 부적절하다는 것을 전혀 모르는 것 같았다. 나는 카메라맨에게 다가가 정중하게 촬영하지 말라고 부탁했고 그는 내 의견을 존중하여 물러났다. 물론 나는 카메라맨의 의도가 순수했다고 믿는다. 하지만 어떻게 이런 일이 아무렇지도 않게 일어나는지 궁금했다.

얼마 전에 또 다른 집회에서는 설교자가 굉장히 엄숙하고 진지하게 말씀을 전했다. 그는 죽음의 영이 집회에 참석한 사람 중 일부를 공격했다고 말하면서 해당하는 사람은 앞으로 나오라고 인도했다. 나는 수많은 사람이 기도 받으려고 의자 사이 통로와 강단 앞으로 나오는 것을 보고 놀랐다. 설교자가 기도 사역을 진행하는 동안 나는 부드럽게 찬양을 연주했다. 카메라 감독은 이 순간이 멋진 근접 장면을 찍을 수 있는 절호의 기회라고 생각한 것 같다. 설교자가 귀신을 쫓고 자유를 선포하는 기도를 할 때 나는 영적인 흐름을 타기 위해 집중했는데 바로 그 순간, 카메라 감독이 내 얼굴 바로 앞에 카메라를 들이대고 천천히 앞뒤로 움직였다. 나는 정말 깜짝 놀랐고 기가 막혔다.

이 글을 읽는 영상팀과 촬영팀 여러분, 나는 여러분을 비난하는 것이 아니다. 나는 여러분이 그리스도의 몸 된 교회를 섬기는 수고에 진심으로 감사하며 여러분의 수고를 통해 엄청난 은혜와 축복을 누린 모든 시청자도 마찬가지일 것이다. 이 문제는 전적으로 우리 지도자들의 책임이다. 우리 지도자들이 미디어 팀에게 교회 미디어가 얼마나 영적으로 민감해야 하는지 알려주고 지혜가 담긴 올바른 지침을 주어 인도해야 했다. 우리는 미디어의 능력과 중요성은 이해했지만 분명한 이유와 활용 방법에 관한 지혜가 부족하여 많은 미디어 관련자가 외롭게 싸웠다. 지도자로서 미디어 관련자들에게 진심으로 용서를 구한다.

지도자들이여, 하나님을 존중하는 분명한 예배 지침 없이 미디어를 계속 활용하면 안 된다. 우리는 어떤 순간을 영상으로 잡아야 할지, 잡지 말아야 할지 분별할 수 있는 큰 영적인 민감함과 지혜가 필요하다. 이 분별과 선택은 오직 주님을 향한 경외함과 두려움으로 해야 한다. 소셜미디어에 결과물을 올리기 전에 먼저 영적으로 "숨기는" 것의 성경적 중요성을 다시 생각해 보자. 모든 미디어 작업에 숨겨진 우리 추진 동기를 먼저 깊이 살펴보자.

미디어에서 얻는 성취감과 추진력은 마치 마약 같아서 많은 예배자와 교회, 예배 운동이 미디어를 추구하다 걸려 넘어진다. 예수님은 사람들에게 자기 의로움을 보여주기 좋아한 바리새인처럼 사람들 앞에 우리 의로움을 보여주는 것을 즐기지 말라고 분명히 경고하신다. 나도 이 영역에서 여러 번 죄를 지었다.

탁월함

나는 탁월함의 중요성을 믿는다. 우리가 하는 모든 것에 최선을 다해 최고의 것을 하나님께 드려야 한다고 믿는다. 그러나 나는 교회가 온갖 종류의 잘못된 추구와 지출을 정당화하기 위해 탁월함의 가치를 잘못 해석하여 남용한다는 느낌을 지울 수 없다. 그리스도인에게 최고의 가치는 탁월함이 아니다. 탁월함은 사랑, 증인의 삶, 사명, 성령님의 인도를 받는 삶, 신실함 같은 훨씬 더 높은 가치에 끊임없이 순복해야 하는 가치이다.

무대 조명을 예로 들어보자. 휘황찬란하고 탁월한 조명 쇼가 참된 예배자를 세우는 데 도움을 주지 못한다면 그 조명은 정말 "탁월한" 것인가? 탁월함이 순복해야 할 더 높은 가치를 놓치면 아무리 탁월한 기술이라도, 예배에는 유용하지 않다.

또 다른 예로 만일 우리가 성령님이 인도하시는 즉흥적인 예배에서 탁월함을 최고의 가치로 선택하면 성령님의 인도를 따라가기 어려워진다. 즉흥적이라는 것은 연주팀이 인도자를 따라오지 못하거나 보컬리스트 팀이 인도자의 즉흥적인 후렴구 가사를 놓치는 실수를 할 수도 있다는 의미이다. 만일 탁월함이 최고의 가치라면 우리는 이런 실수와 위험을 감수하지 않을 것이다. 탁월함은 예배의 최고 가치가 아니며 항상 믿음과 순종이 탁월함보다 중요하다. 더 정확히 말하면 믿음과 순종이 예배에서 탁월함의 의미를 재정의한다. 예배에서 탁월함의 정의는 사전연습을 잘하고 선별한 편곡을 정확히 연주하는 것이 아니라 온 마음과 연주 기술로 성령님의 기름 부음에 날개를 달아 주는 것을 말한다.

소셜미디어

나는 인스타그램에 뒤늦게 뛰어들었다. 처음 계정을 만들고 가벼운 장난으로 수염을 면도하는 사진 몇 장을 올리면서 시작했다. 나는 장난 삼아서 전문 자연 풍경 사진작가가 될까 생각도 했다. 그래도 당시에 멋진 사진을 많이 찍었다고 생각한다.

그때까지만 해도 나는 인스타그램이 내 영혼의 순수함을 얼마나 흔들고 시험할지 몰랐다. 아내를 포함해서 내 삶에 예언적인 목소리를 내는 사람들이 나에게 소셜미디어로부터 오는 타협이 조금씩 늘어나는 것을 경고했고, 고맙게도 내가 이 타협을 끊는 1년간 나와 함께 했다. 금식이 우리 삶에 미치는 음식의 힘을 드러내는 것처럼 우리가 소셜미디어와 거리를 두기 시작하면 전에는 미처 몰랐던 모든 방식으로 우리가 얼마나 소셜미디어에 중독되었는지 드러난다.

소셜미디어는 눈에 띄지 않게 조금씩 우리 삶에 스며들어 선택과 결정을 조종하면서 우리를 타락시킨다. 소셜미디어 팔로워가 늘어날수록 우리 영혼은 더욱 병들어 팔로워들의 눈치를 보며 꼭두각시와 앵무새처럼 행동한다. 현대 소셜미디어는 우리 뇌를 최악의 상태로 만들었으며 수많은 지도자, 교회, 영성운동을 포함한 모든 사람을 조종하며 타협하게 만든다.

나는 특히 소셜미디어가 예배를 오염시키는 것이 매우 불편하다. 소셜미디어는 우리가 예배에서 하나님과 거룩한 교제를 누리며 바르게 반응하는 대신 많은 "팔로워"와 "좋아요" 숫자에 집중하게 만든다. 이제 하나님과의 친밀하고 깊은 만남은 새로운 미디어 상품이 되었다. 예배에 하나님이 역사하시면 사람들은 하나님의 임재에 참여하기보다 "명장면"을 얻으려고 모두 핸드폰을 꺼내 촬영하기 바쁘다. 즉, 하나님의 임재보다 모든 사람을 질투하게 만드는 달콤한 인스타 스토리를 얻는데 집중하는 것이다.

우리는 예배 인도자와 레위인으로서 우리가 허용하는 것보다 소셜미디어에 훨씬 큰 영향을 받고 있다. 소셜미디어가 우리 영혼을 흔들고 우리의 순수함을 시험한다. 나는 이제 여러분이 소셜미디어와 거리를 두라고 권면한다. 우리 마음과 순수함과 영적인 권위를 보호하라. 소셜미디어가 여러분에게 영향을 끼치지 못하도록 미리 거리를 두고 차단하라. 그러면 여러분의 삶이 새로워지는^{RESET} 것을 느낄 것이다.

나 또한 내 삶을 진정으로 의미 있게 만드는 것에 집중하기 위해 모든 소셜미디어 사용을 제한했다. 나는 내 모바일 장치에서 모든 소셜미디어 앱을 삭제했다. 나는 소셜미디어에 무언가를 올릴 때마다 내 동기를 점검한다. "나는 왜 이것을 올리는가? 무엇을 이루려 하는가? 꼭 올려야 하는가? 혹시 내 안에 자랑하고 싶은 마음이 조금이라도 있는 것은 아닌가? 이 포스팅이 내 부르심과 어떤 관련이 있는가? 아니면 그저 사람들이 보고 싶어 하는 것을 올리는 것인가?"

영향력

우리는 신앙인으로서 하나님께 받은 모든 것에 청지기 역할을 감당할 책임이 있으며 여기에 영향력도 포함된다. 우리가 청지기 역할을 효과적으로 감당하려면 하나님이 의도하신 목적을 온전히 이해해야 한다. 하나님이 왜 우리에게 영향력을 주셨을까? 우리 영향력을 어떻게 사용할지 하나님께 질문해 보았는가? 자신의 영향력을 자기 영광이 아닌 하나님의 영광을 위해 거룩하게 구별하고 열정적으로 헌신했는가? 성경은 신앙인에게 주어진 영향력의 목적을 분명하게 말하지만 우리는 그것을 잘 이해하지 못한 많은 기독교인이 더 큰 영향력을 얻기 위해 세상 방법을 흉내 낸 결과 오히려 우리 영향력이 무의미해졌다.

소셜미디어에 여러분의 집이나 귀여운 개나 고양이 같은 반려동물, 멋진 카페에서 즐기는 커피 한 잔, 혹은 멋진 삶을 보여 줄 게시물을 올리기 전에 반드시 자신에게 질문해 보라. "지금 나는 다른 그 누구도 대신할 수 없는, 내가 이 땅에 비추도록 하나님이 주신 독특하고 아름다운 빛을 발하는가?" 여러분이 하는 모든 일에 빛과 소금의 역할이 빠지지 않도록 하라.

예배 예술가

내가 오랜 시간 예배 산업을 보며 걱정한 문제가 점점 커지고 있다. 우리는 서로 분리하고 뚜렷하게 구별해야 할 요소를 점점 더 많이 뒤섞고 있다. 예배 인도자는 공연 예술가들이 아니며 예배의 밤^{NIGHTS OF WORSHIP}은 콘서트가 아니다. 그러나 우리는 때로는 의도적으로, 때로는 알아차리지 못한 채 거룩한 것과 거룩하지 않은 것을 뒤섞는다. 이러면 안 된다. 예배는 하나님께 드리는 거룩한 것이다. 예배는 회중을 만족하게 하는 오락의 밤^{NIGHT OF ENTERTAINMENT}이 아니라 오직 주님의 기쁨을 위한 것이다. 회중을 만족하게 하는 예배는 거룩하지 못한 혼합물이며 예배 인도자를 음악 공연 예술가처럼 여기는 것은 전혀 거룩하지 않다.

예배자와 예배 인도자는 그리스도의 몸 된 교회와 신부(회중)를 하나님을 향한 예배와 더 깊은 사랑으로 인도하는 역할이므로 우리는 연기자^{PERFORMER}가 아니라 제사장이다. 하나님은 예배 인도자에게 하나님의 마음에 가장 소중한 두 가지, 주님의 영광과 신부를 맡기신다. 예배 인도자들이 이 소중한 두 가지를 향한 하나님의 불타는 열정을 잊고 현실에 안주하며 불경하고 무책임하게 살면 큰 심판대 앞에 서게 될 것이다. 우리의 제사장 직분은 어떤 공연 예술가보다 훨씬 더 영광스럽고 진지하며 막중한 임무를 지니고 있다. 제사장과 공연 예술가의 정체성을 혼동하지 말라.

예배 집회와 입장권 판매

나는 지난 15년간 순회 예배 인도자로 사역했다. 나는 예배 집회의 기획과 행정 절차를 아주 잘 알고 있으며 등록비를 내는 예배 집회도 많이 인도했다. 나는 입장권을 판매하는 예배 집회의 합리적인 이유를 이해하지만, 돈을 내고 예배한다는 사실이 옳지 않은 것 같아 항상 마음이 불편했다. 나는 등록비나 입장료 없는 집회 진행의 위험 부담을 아주 잘 알지만 그런 위험 요소까지도 기쁨으로 마음에 품고 싶다. 물론 예외적인 상황도 있겠지만 내 영혼에 불편한 마음을 갖기보다 재정의 손해를 보거나 차라리 순회 사역을 하지 않는 편이 더 낫다고 생각한다.

나는 모든 사람이 나와 같은 믿음을 가져야 한다고 생각하는 것은 아니지만 집회를 기획하고 주최하는 모든 사람이 이 문제를 놓고 씨름하며 고민해야 한다고 믿는다. 나는 입장권을 산 많은 사람이 온전하고 순수한 마음으로 하나님을 예배할 수 있다는 것을 충분히 이해한다. 그러나 나는 사람들이 등록비를 내고 입장권을 사는 순간 그들안에 피할 수 없이 생기는 멋진 "공연"을 기대하는 소비자 심리가 온전하고 순결한 마음으로 주님께 집중하는 마음과 싸우고 대치하는 것을 직접 보았다. 소비자 심리와 태도는 주님을 향한 헌신의 마음을 병들게 한다.

이런 현상은 입장권이 비쌀수록 더 심해진다. 요즘은 심지어 비싼 고급 입장권을 구입한 사람들에게 앞자리 좌석뿐만 아니라 무대 뒤 대기실에 방문하는 특권을 주는 새로운 관행이 생겼다. 이것은 예수님이 거룩한 분노로 "내 아버지의 집을 강도의 소굴로 만들지 말라!"고 외치며 꾸짖으신 바로 그 모습이 아닌가? 나는 우리 모습이 예수님이 꾸짖으신 것과 다를 바 없다고 생각한다.

오해하지 말기 바란다. 나는 여러분의 교회에 예배 인도자와 예배팀을 초청하여 지역에 영적인 은혜를 끼치는 것이 정말 큰 가치가 있다고 생각하며 또 이런 집회 사역을 통해 많은 귀한 열매가 맺히는 것을 수없이 지켜봤다. 하지만 나는 여전히 등록비나 입장권 판매가 집회 운영비용을 충당하는 중요한 수단이라는 것이 참 싫다. 우리가 예배의 순수함과 예배 집회의 거룩함을 지키면서 하나님 나라의 모습을 품는 다른 방법은 없을까? 만일 여러분이 사는 도시에 새로운 차원의 예배가 열릴 것을 믿는다면 입장권 판매가 아닌 다른 창의적인 방법으로 집회를 열 수 있을 것이다.

예배 곡 작곡

예배 곡은 엄청난 금액의 저작권 사용료 수입을 만든다. 교회 대부분이 주일 예배 때 부르는 곡에 소정의 사용료를 내며 이 사용료는 예배 곡 작곡자들에게 저작권료로 분배된다. 더 많은 교회가 예배 곡을 연주하고 부를수록 더 많은 사용료 수입이 생긴다. 나는 모든 예배 음반 제작사와 예배 인도자, 예배 작곡가들이 수입에 상관없이 마음의 동기를 순수하게 지키고 있다고 말하고 싶지만, 안타깝게도 현실은 그렇지 못하다.

나는 확신한다. 전문 작곡가들이 "실험실"에서 대중의 선호를 연구하고 분석해서 최대한 많은 사람이 부르도록 유행가 만들듯이 예배 곡을 작곡하는 것은 주님을 기쁘게 할 수 없다. 누가 작곡을 하든 이런 마음의 동기가 조금이라도 있다면 마찬가지이다.

이렇게 쓰여진 많은 예배 곡이 교회를 참된 예배의 아름다운 향기로 가득 채우는 것이 아니라 이윤을 추구하며 사랑 없는 소란한 소리로 교회를 가득 채우고 있다.

이번 장의 결론

다시 강조하지만, 나만의 독단적인 신념을 주장하려는 것이 아니라 우리 안에 건강한 대화가 일어나기를 바란다. 내가 이번 장에서 다룬 많은 요소는 단순히 흑과 백으로 나눌 수 없으며 나와 다른 의견도 많다는 것을 안다. 하지만 한 가지 확실한 것은 오늘날 예배 영역에서 빠르게 일어나고 있는 많은 일이 예배 인도자와 사역자의 사명과 어긋날 뿐만 아니라 심지어 우리 부르심을 방해하기 때문에 점검해야 한다는 점이다.

우리 예배의 모든 영역을 다시 살펴보고 우리의 목적을 왜곡하거나 신실하고 성경적인 예배 공동체로 세워지는 것을 방해하는 모든 것에 두려워하지 말고 책임을 물어야 한다. 우리 예배자들은 미디어팀, 음반 제작사, 행사 기획자나 음악 업계 지도자들의 피해자나 무고한 방관자가 아니다. 소극적이고 안일한 태도를 내려놓고 확신을 가지고 인도하자.

THE RESET

10장 예배의 미래

CHAPTER 10 THE FUTURE

　나는 이 책을 쓰는 중 한 친구로부터 우리 예배가 나아갈 미래의 방향을 놓고 예언적 예측할 수 있도록 기도해 보라는 도전을 받았다. 내가 이것을 위해 기도하는 동안 주님은 나에게 몇 가지 생각과 감동을 주셨다. 이런 생각을 "예언적"이라고 표현하는 것은 조금 강하게 느껴질 수 있기 때문에 나는 주님이 우리 예배를 인도하시는 방향에 대한 내 개인적인 느낌으로 여러분과 간단히 나누고 싶다. 나는 예배 운동이 더욱 강력해지기 위해 순수한 연합이 우리를 기다리고 있다고 믿는다. 그것은 우리 예배를 새로운 창의력과 불타는 기름 부음의 새로운 시기로 이끌 것이다.

　나는 기도 운동과 선교 운동이 예배 운동과 연합하는 것을 간절히 보기 원한다. 나는 예배가 주님을 향한 섬김과 세상을 향한 섬김에 다시 뿌리를 내릴 때, 새로운 생명력과 창의력과 권능이 폭발하듯 터져 나올 것이라고 굳게 믿는다.

새로운 연합

지금까지 고립된 예배 운동이 번성한 적은 없었다. 예배 운동이 고립될수록 시야가 좁아지고 집중력을 잃는다. 예배 운동이 고립되면 제멋대로 자기들끼리 곡을 쓰고 서로 상을 주고받는다. 예배 운동이 다시 건강과 활력을 찾으려면 낡고 파괴적인 연합을 끊고 새롭고 건강한 연합을 이루어야 한다. 현대 예배 운동을 무너트리는 연합은 음악 산업과의 연합이다. 음악 산업이 예배 운동에 어떤 형태이든 지배적인 영향을 끼치도록 허락할 때 최악의 상황이 벌어진다. 우리는 부패한 연합을 끊고 부정적인 영향력을 차단하여 예배 운동의 사명인 선교와 기도에 다시 헌신해야 한다.

주님을 향한 섬김과 가난한 사람들을 향한 사역이 놀라운 방법으로 예배 운동을 정화할 것이다. 만일 우리가 중보 기도 사역과 복음 선포에 우리 자신을 온전히 바치면 강력한 불이 우리 마음에서 불타기 시작할 것이다! 만일 우리가 소심하고 사명감 없으며 기도하지 않고 경건하지 않으며 자기 이익만 추구하고 있다면, 이제 그 생각의 견고한 진에서 빠져나와 이 땅 위에 천국이 임하도록 열정적으로 사역한다면 우리 영혼에서 권능과 깊은 헌신이 담긴 노래가 터져 나올 것이다!

나는 예수님과의 놀라운 만남을 담은 노래는 특정한 환경에서만 나올 수 있다고 믿는다. 우리는 잘 방음 처리한 녹음실에서 음악적이고 이론적인 방식으로 이런 노래를 만들려고 노력하지만, 예수님을 만나게 하는 노래는 녹음실이 아니라 우리의 기도실과 골방에서 하늘의 영광을 맛볼 때, 사명을 따라 세상에서 상처받은 사람들을 실제로 섬길 때 나온다.

새로운 방식과 오래된 방식

나는 오래된 방식을 새롭게 표현하는 예배 인도자들이 일어나는 것을 본다. 이들은 헌신의 삶을 다시 한번 기도의 리듬과 예수님의 사명에 뿌리내린 사람이다. 주님을 섬기는 사역과 잃어버린 사람들과 가장 작은 사람들을 섬기는데 자신을 고정한 지도자들은 이 순간 예배의 순수함과 권능을 파괴하려는 어떤 공격에도 무너지지 않는 영광스러운 면역을 가지게 될 것이다. 끊임없이 기도로 주님 앞에 나아가며 다른 사람들을 섬기기 위해 헌신한 사람들은 영적으로 나태해지거나 교만하거나 제멋대로 살면서 부르심의 자격을 유지할 수 없다.

나는 예배 인도자와 예배자들의 삶에서 충만한 기름 부음이 흘러가려면 우리 중보자이시며 화해자이신 예수님의 사명에 동참해야 한다고 믿는다.

전문적인 경력을 가진 음악가들이 돈을 벌기 위해 예배를 인도하고 곡을 쓰는 시대가 빠르게 막을 내리고 있다는 사실이 오히려 나를 기쁘게 한다. 이것은 곧 엄청난 순수함이 예배 현장에

터져 나올 것을 의미하기 때문이다. 상상하지 못한 곳에서 예배 곡들과 예배 인도자들이 새롭게 일어날 것이다. '전문 작곡가'가 아닌 사람들이 자기 직장과 공장과 일터에서 작곡한 예배 곡들이 다시 흘러나올 것이다. "보통" 사람들이 직접 작곡한 꾸밈없고 거짓 없으며 수수한, 진심이 담긴 노래들이 다시 한번 샘솟을 것이다. 우리는 정말 오랫동안 이런 노래를 그리워하고 있다.

예배와 기도

주님을 아는 지식으로 충만한, 왕 같은 제사장의 권위로 기도하며 살아가는 사람들의 이야기를 들을 때마다 나는 예배 운동이 놓치고 있는 지도자의 모습을 떠올린다. 우리는 기도 사역에 완전히 헌신하며 하나님과 친밀함과 깊은 교통을 누리는 예배 인도자들을 그리워하고 있다. 이런 예배 인도자는 한 달에 한두 번 정도 돌아가면서 순번제 주일 예배 인도하는 방식으로는 결코 세울 수 없으며 주님께 집중하며 매일 기도하는 훈련을 해야 한다.

예배 인도자들이 주일 예배의 압박에 시달리지 않으면서 영적으로 훈련받고 발전할 수 있는 기도의 온실이 절실하게 필요하다. 지난 수년간의 경험을 돌아보면 주님과 참되고 친밀한 관계를 맺으며, 즉흥적이고 예언적인 흐름으로 예배를 인도하고, 메마른 영적 분위기를 뚫어낼 줄 아는 예배 인도자들은 거의 모두 어떤 형태이든 기도 운동에 참여한 적이 있다는 것을 발견했다.

음악가와 악기 연주자도 마찬가지였다.

그래서 나는 앞으로 내가 세우는 예배 공동체는 반드시 기도 위에 세우겠다고 결심했다. 나는 기도만이 진정한 영적 돌파에 필요한 기름 부음과 기술, 권능과 하나님의 친밀함을 품은 예배 인도자와 악기 연주자를 세우는 유일한 방법이라고 믿는다.

우리가 영광의 표식이 있는 지도자를 원한다면, 그들 스스로 영광을 경험하고 더 나아가 어떻게 하면 계속해서 주님이 거하시는 영광스러운 처소로 갈 수 있는지 배울 수 있도록 기도해야 한다. 이것이 바로 주님을 향한 우리 사역과 섬김의 핵심이며 기도의 핵심이다. 언제 어느 곳에서든 주님의 처소로 나아갈 수 있어야 한다. 우리가 기도 사역에 헌신할 때마다 우리 내면에 영광의 영역, 예수님과 깊은 친밀함을 누리는 천국을 향해 나아가는 대로HIGHWAY가 만들어진다. 우리는 왕이신 하나님의 임재 안에서 진정한 영적 정체성과 권세를 발견하게 된다.

기도에 관한 더 많은 내용을 쓸 수 있지만, 대신 여러분이 기도에 관한 많은 자료와 서적을 살펴보기를 권면한다. 더 나아가 여러분 스스로 기도에 헌신하겠다고 결심하기를 권면한다. 기도는 여러분을 하나님과의 친밀함으로 이끌 것이다. 스스로 기도에 깊이 헌신하여 삶에 기도의 기초를 놓아라.

예배와 영혼 추수

역사에서 예배와 영혼 추수는 항상 깊은 연관이 있다. 나는 최근에 중동지역에서 작은 음악 밴드로 선교하는 선교사들의 삶을 담은 다큐멘터리 방송을 보면서 복음을 전하기 위해 많은 순종과 희생이 뒤따랐던 중동 지역에 위대한 권능의 노래들이 싹을 틔워 쓰임 받기를 기다린다는 것을 느꼈다.

예배는 선교로 흘러간다. 사실, 예배는 선교다. 지상대명령GREAT COMMISSION을 다른 각도로 보면 결국 "가서 예배자를 세워라"라는 부르심이다. 제자도의 열매는 예배자이며 아버지는 예배자를 찾으신다. 예배 운동이 선교 운동의 원동력이 되어야 한다. 예배 운동은 다시 한번 온 땅에 가서 예수 그리스도의 복음을 선포하는 운동이 되어야 한다. 예배 운동은 예수 그리스도를 증거하는 간증과 보혈의 능력이라는 횃불을 들고 일터와 직장, 미전도 종족 지역, 깊은 어둠으로 덮인 땅에 들어가야 한다.

최전방에서 싸우는 선교사들은 크고 화려한 무대 위의 예배 인도자들처럼 순수함을 지키기 위해 싸울 필요가 없다. 목숨을 걸어야 하는 곳에서 예배하는 사람들은 가장 중요하고 의미 있는 것에 집중한다. 나는 앞으로 교회와 예배 공동체들이 이전에 겪지 못한 큰 핍박을 겪을지도 모른다고 생각한다. 그러므로 우리는 지금부터 다시 준비하며 정비해야 한다. 우리는 이전에 하나님의 영광을 위해 한 번도 불태워본 적이 없는 것처럼 뜨겁게 타올라야 하며 이전에 한 번도 위험을 감수한 적이 없는 것처럼 위험을 감수해야 한다. 최전방에 선 사람들이 앞장서서 이 일을 이끌 것이다.

우리 미래는 현장에 있다. 거리와 일터가 우리의 추수할 밭이다. 우리 미래는 두 마음을 품지 않으며 거룩한 믿음으로 충만하고 사랑으로 선포하며 기도하는 "드러나지 않은 교회UNDERGROUND CHURCH" 공동체에 달려있다. 우리 미래는 기도와 선교와 예배하는 공동체에 있다. 이 공동체들은 세상을 향한 하나님의 마음과 하나님을 향한 교회의 마음을 새롭고 창의적인 방식으로 표현할 것이다. 이 공동체는 작고 친밀한 규모이겠지만 이들이 끼치는 영향력은 깊고 넓을 것이다. 이들은 우리보다 훨씬 더 창의적이며 효과적이고 혁신적으로 이 부르심을 감당할 것이다.

THE RESET

11장 다시 돌아가라

CHAPTER 11 RETURNING

　　나는 주님의 불을 다시 받기 위해 기다리는 세대가 있다고 확신한다. 이 예배자들은 지금도 예수님을 향한 사랑과 불꽃과 순수한 내면의 열정을 불태우고 있다. 오직 예수님이 이 예배자들의 참된 소망이시며 이들은 삶으로 "모든 것을 오직 주의 영광을 위해!"라고 외친다. 이 예배자들이 이 시대를 위해 어둠을 깨뜨리는 새벽빛처럼 나아올 정의로운 숨겨진 군대이다.

　　나는 지금까지 입을 닫고 침묵한 예배의 아버지들과 어머니들이 있다고 확신한다. 하지만 이제 침묵의 시간은 끝났다. 주님은 이 시간에 여러분의 영적 권위를 회복하고 계신다. 또 나는 주님이 "한 때 밝고 맑게 타오르는" [13] 불꽃을 가졌지만, 삶의 고통과 낙심, 인생의 실패와 오해로 그 빛이 꺼진 사람들을 다시 부르

---

13. 키이스 그린, "아름다우신 주"라는 곡의 가사 중 일부 Keith Green, "Oh Lord, You're Beautiful," So You Want to Go Back to Egypt, 1980. Copyright Capitol CMG Genesis, Birdwing Music and Capitol CMG Genesis, Universal Music: Brentwood Benson Publishing CCLI#:14514

신다는 것을 느낀다. 주님이 이전의 불꽃을 다시 일깨우시고, 지나간 젊은 시절의 그 어느 때보다 더 밝게 타오르게 하실 것이다.

우리는 지금 정화의 순간에 서 있다. 나는 거의 모든 종류의 교회 예배와 다양한 프로그램과 집회와 기독교 행사를 멈추게 한 세계적 팬데믹GLOBAL PANDEMIC 중에 이 책을 쓰고 있다. 지금은 리셋의 순간이다. 한때 우리가 예배를 중심으로 세운 음악 산업과 기업에서 흘러들어온 돈의 흐름은 말랐고 순회 사역 버스는 멈췄으며 공연장과 강당은 텅 비었다. 지금은 오래된 구조와 낡은 포도주 부대와 탐욕과 우리를 얽매는 죄와 교만과 하나님의 마음을 아프게 한 모든 것을 벗어 버릴 가장 좋은 때이다.

이 진동 속에서 회개하고 다시 주님께 돌아갈 기회가 우리에게 주어졌다. 다시 순결한 겉옷을 입고 주님의 안식으로 돌아가서 하나님이 우리 안에서, 우리를 통해서 하고자 하시는 새로운 일이 무엇인지 발견하자.

그러나 회개를 통해 우리에게 주시는 위대하고 영광스러운 상급은 그저 "새로운 일"이나 "새로운 노래"나 오래된 것을 이름만 바꾸어 새롭게 포장한 것이 아니다.

예수님이 우리 상급이시다. 예수님이 가장 위대하고 영광스러운 분것이요 상급이시다. 주님이 우리의 목마른 영혼이 갈망하는 생수이시다. 우리가 주님을 얻으면 모든 것을 얻는 것이다. 예수님이 모든 것이다.

지난 20년간 나는 여러분이 상상할 수 있는 모든 종류의 기독교 행사에 참여했다. 자선단체 봉사 활동, 소그룹 모임, 주일 예배, 부흥 집회, 기독교 페스티벌, 청소년 캠프, 세계 예배 투어, 기독교 라디오 방송, 그리고 모든 예배 인도자의 꿈이며 소원인 대형 경기장에서 예배를 인도했다.

나는 인기 있는 예배 곡을 작곡했고, 음반도 냈으며, 기독교 음악인으로서 상도 탔다. 나는 "가장 최신" 유행을 좇았으며 흥분과 열기로 가득한 순간도 경험했다. 다양한 수준의 플랫폼과 영향력을 얻고 환호를 받았다. 어느 면으로 봐도 나는 모든 예배 인도자가 꿈꾸는 삶을 살았다. 하지만 나는 성취감보다 고통에 가까운 쓰라린 감정을 담아 여러분에게 권면하고 싶다.

"주님이 없으면 아무 의미도 없다." 위에서 언급한 어떤 것도 주님과 함께 누리는 한순간보다 소중하지 않으며 내 모든 것을 바꿔서라도 주님을 선택할 것이다. 나는 주님의 임재가 있는 곳이라면 어디든지 그곳의 문지기가 되고 싶다.

아주 많은 사람이 잘못된 꿈과 공허한 것을 좇고 있다. 이제 전도자의 외침에 귀 기울이자! "헛되고 헛되니 모든 것이 헛되도다!" 내 친구들이여, 주님 없는 꿈은 아무것도 아니다. 주님 없이 평생의 꿈을 이루는 것보다 주님의 임재 안에 사는 하루가 더 귀하다. 주님이 우리 꿈이시다. 예수님께 충성하는 삶이 가치 있는 우리의 유일한 꿈이다!

우리는 마지막 때에 살고 있다. 그러나 예수님이 우리 생애에 재림하시든 수 천 년 후에 재림하시든 아무런 차이가 없다. 왜냐하면, 결국 인생의 끝에서 우리는 주님과 얼굴을 마주할 것이기 때문이다. 그 순간 중요한 오직 한 가지는 온 마음으로 주님께 헌신한 삶이다. 우리의 계획, 경력, 플랫폼, 인기, 히트곡, 혹은 악평이 무슨 의미가 있으며 그것으로 무엇을 얻을 것인가? 우리가 살면서 하나님을 온 맘 다해 사랑하며 순복하고 순종하지 않았다면 아무것도 얻을 수 없으며 모두 주님의 불에 타버릴 것이다.

만일 무엇이든 우리를 방해하고 산만하게 하거나 얽매이게 하고 타협하게 하는 것을 벗어버릴 순간이 있다면, 바로 지금이 그때다. 나는 주님이 다시 오시는 날에 직업적인 예배 인도자로 사느니 사회에서 누구도 알아주지 않는 낮은 곳에서 봉사하는 삶을 택하겠다. 나팔 소리가 울리고 하늘이 두루마리처럼 말려 올라갈 때, 나는 주님이 맡기신 임무를 순수함과 뜨거움과 타협하지 않는 기쁨으로 수행하는 사람이 되고 싶다.

이 책은 내 마음의 진심 어린 고백이자 부르짖음이다. 나는 이 시대에 신실한 목소리를 내기 위해 이 책을 썼다. 솔직히 내 고백이 너무 늦은 것은 아닌가 걱정했지만, 우리가 이 땅에 사는 하루하루가 구원의 날이다. 십자가에서 예수님 곁에 못 박힌 죄인이 증명한 것처럼, 구원의 날에는 언제나 결실이 있다. 단 한 시간이라도 온 마음으로 주님께 돌아오면 모든 것이 영원히 달라질 수 있다.

지금, 이 순간 하나님은 레위 자손들을 정결케 하신다.

2 그가 임하시는 날을 누가 능히 당하며 그가 나타나는 때에 누가 능히 서리요 그는 금을 연단하는 자의 불과 표백하는 자의 잿물과 같을 것이라 3 그가 은을 연단하여 깨끗하게 하는 자 같이 앉아서 레위 자손을 깨끗하게 하되 금, 은 같이 그들을 연단하리니 그들이 공의로운 제물을 나 여호와께 바칠 것이라
(말라기 3:2~3)

자! 이제 주님께 돌아가자! 옷만 찢지 말고 마음을 찢자! 자신을 정결케 하고 성회를 소집하자! 지금은 우리를 더럽힌 모든 것에서 떠나 우리를 다시 정결케 하여 온 맘으로 주님께 헌신하는 중요한 순간이다. 오늘부터 오직 "변하지 않는 사랑"으로 불타올라 주님을 섬기는 사역자가 되자.

세상은 예배에 굶주려 있다. 세상은 예수님을 알고 찬양하고 싶어 한다. 세상은 우리가 모든 무거운 것과 얽매이기 쉬운 죄를 벗어 버리고 오직 예수님께 눈을 고정하며 급진적이고 넘쳐흐르는 아름다운 예배를 아낌없이 생명 다해 올려드리는 예배자가 되기를 기다린다.

이것이 우리 삶의 핵심이다. 순수하고 진실하며 성령으로 충만하여 온 마음을 주님께 드리는 예배자들이여, 이제 일어나라.

THE RESET

제레미 리들
JEREMY RIDDLE

제레미 리들은 목사, 예배인도자, 싱어송라이터이며 주님의 교회에 하나님의 영광을 전달하는 깊은 열정을 품고 예배 운동에 순수함이 회복되기를 간절히 원하는 불타는 예배자이다.

제레미는 미국 뉴저지에서 태어나 12살 때 YWAM^{YOUTH WITH A MISSION}에서 현대 예배 운동을 만났다. 얼마 후 남캘리포니아로 이사하여 빈야드 애너하임 교회에 출석하면서 본격적으로 예배 인도자와 작곡가로 성장했다. 23살 때 빈야드 애너하임 교회의 청소년 목회자로 전임 사역을 시작했으며 6년간 청소년 부서를 섬기면서 교회를 향한 열정과 예배 인도자의 부르심이 더욱더 깊어졌다.

제레미 가족은 2009년 캘리포니아 레딩^{REDDING}으로 이사하여 베델 교회와 베델 뮤직 그룹^{BETHEL MUSIC COLLECTIVE}을 10년간 섬긴 후 하나님이 다시 남캘리포니아로 부르시는 것을 느끼고 빈야드 애너하임 교회로 복귀했으며 현재 빈야드 애너하임 교회의 예배, 기도, 창의적 예술팀 목사로 섬기면서 전심으로 국내외 예배 운동과 기도 운동이 재탄생하도록 헌신하고 있다.

제레미와 아내 케이티는 다섯 자녀를 두었으며 자녀 양육이 하나님이 맡기신 가장 위대한 사역이며 유업^{LEGACY}이라고 믿는다.

제레미의 사역을 더 알고 싶으면 **JeremyRIDDLE.COM**을 방문하라.

도서 안내

승리의 종말론 / 값 16,000원

주님의 몸 된 교회는 계속해서 주님의 영광을 향해 성장하며
더욱 더 연합되어 이전에 보지 못한 하나님의 권능을 나타내고,
사탄은 결단코 이 세상을 장악하지 못할 것이다.
우리 주 예수 그리스도께서 만주의 주, 만왕의 왕으로서
모든 대적을 그 발아래 굴복시키실 것이다!

하나님의 불같은 사랑 / 값 13,500원

이 책은 저자의 베스트셀러 <기도 응답의 지연이 주는 축복>의
후속편으로, 하나님께서 사랑하는 교회에 어떻게 역사하시는지
알려준다. 하나님의 불같은 사랑을 경험하고, 성경에서 가장 영광
스러운 주제인 "하나님의 사랑"을 깊이 묵상하라.

다윗의 세대 / 값 10,000원

다윗의 세대는 마지막 때에 성령님께서 기름부으신 예배자요
영적 용사의 세대이며 여호수아 세대가 시작한 하나님의 일을
완성하는 세대이다. 저자는 8개의 주제를 통해 다윗의 세대의
특징을 효과적으로 설명한다.

예언적 예배의 능력 / 값 9,000원

하나님 앞에 예언적 예배로 나아가려면 성령님과 친밀한 관계를
유지해야 하며, 성령님은 모든 예배마다 독특한 흐름으로 우리를
인도하신다. 성령님의 인도하심과 지휘를 따라갈 때 우리 삶에
하나님의 임재를 통한 성장과 성숙의 축복이 임한다.

지성소 / 값 10,000원

성령님께서 지금 이 시간 그리스도의 거룩한 신부들이 지성소로
들어가도록 부르신다. 하나님께서 가장 높고 은밀한 지성소에서
천국의 사명과 계시, 하나님의 뜻과 거룩한 부르심을 주시고,
이것을 성취할 수 있는 권능을 주신다!

중보적 예배 / 값 13,500원

우리가 예배와 중보기도를 음악과 하나로 모을 때, 이 땅 위에
하나님의 계획과 목적이 더 충만하게 나타날 것이다. 이 책은
깊은 예배와 강력한 기도와 탁월한 음악의 능력이
함께 어우러지도록 돕는다.

참된 예배자의 마음 / 값 8,500원

이 책의 저자 켄트 헨리는 지난 40년간 예배를 인도하고
예배자를 훈련하는 일에 헌신해왔다.
이 책을 통해 참된 예배자의 마음을 더 깊이알고 살아가게 될
것이다.

하나님의 임재를 갈망하는 예배자 / 값 10,000원

샘 힌 목사는 어떻게 예배를 통해 하나님의 임재 안으로
들어갈 수 있는지 친절하게 알려 준다. 예배 가운데 주님게 초점을
맞추고 하나님의 영광과 은혜로 자기 자신을 보기 시작할 때,
당신은 가장 놀라운 변화를 경험하게 될 것이다.

옮긴이 / 임재승

미국 Azusa Pacific University에서 금융을 전공했으며 대전 침례신학대학에
서 목회학 석사(M.div) 학위를 취득했다. 전문 통역가로서 여러 집회와 컨퍼
런스에서 해외 사역자들의 설교를 통역했으며 영감 있는 책들을 번역했다.
현재 인천에서 하베스트락 처치를 담임하고 있다.

더 리셋 : 예배의 마음과 온전한 헌신의 삶으로 돌아가라

지 은 이 : 제레미 리들
옮 긴 이 : 임재승
감   수 : VA 한인 사역부
교   정 : 김다혜
표   지 : 조종민

펴 낸 이 : 한성진
펴 낸 날 : 1쇄 2022년 1월 28일, 2쇄 2022년 2월 18일, 3쇄 2023년 11월 20일
펴 낸 곳 : 벧엘북스 BETHEL BOOKS
등   록 : 2008년 3월 19일 제 25100-2008-000011호
주   소 : 서울시 강남구 봉은사로 71길 31 한나빌딩 지층

웹사이트 : www.facebook.com/BBOOKS2 또는 벧엘북스로 검색
도서문의 : 010-9897-4969
총   판 : 비전북 031-907-3927
I S B N : 978-89-94642-38-3

※ 잘못된 책은 교환해 드립니다.

※ 책 값은 뒷표지에 있습니다.